芝溶詩選

지용詩選

초 판 1쇄 발행 1946년 5월 30일
제2판 1쇄 발행 2006년 8월 30일
제2판 3쇄 발행 2014년 5월 20일

지은이 정지용
펴낸이 정무영
펴낸곳 (주)을유문화사

창립 1945년 12월 1일
주소 서울시 종로구 우정국로 51-4
전화 734-3515, 733-8153
FAX 732-9154
홈페이지 www.eulyoo.co.kr
ISBN 89-324-7108-8 03810
값 9,000원

정지용 지음

지용詩選
시선

을유문화사

일러두기

1. 표기법은 가급적 원전에 따랐으며 원문을 훼손하지 않는 범위 내에서 맞춤법, 띄어쓰기 등을 현행 국어 규범에 맞게 고쳤다.
2. 원문의 한자어는 한글로 바꾸고 해당 한자어는 병기하였으며, 원전의 의미와 감각을 살리는 데 필요한 구어나 방언의 일부는 원전 그대로 수록하였다.
3. 독자의 작품 이해를 돕기 위해 일부 어려운 어휘에 대한 풀이를 각 작품 아래 덧붙여 놓았고, 필요에 따라 한자를 병기하였다.
4. 권말에는 1946년 5월 30일에 을유문화사에서 간행한 『지용시선』 초판본을 원문 그대로 재수록하였다.

차례

지용시선

1

유리창琉璃窓 09

난초蘭草 10

촛불과 손 11

해협海峽 12

2

석류柘榴 17

발열發熱 18

향수鄕愁 19

3

춘설春雪 23

고향故鄕 25

4

불사조不死鳥 29

나무 30

다른 하늘 31

또 하나 다른 태양太陽 32

임종臨終 33

5

장수산長壽山 1 37

장수산長壽山 2 38

백록담白鹿潭 39

옥류동玉流洞 42

인동차忍冬茶 44

폭포瀑布 45

나비 47

진달래 48

꽃과 벗 49

6

노인老人과 꽃 55

꾀꼬리와 국화菊花 58

해설 | 정지용의 시세계와
　　　문학사적 의미 62

1

蘭잎에 적은 바람이 오다 蘭이 나부엎이다

유리창琉璃窓

유리琉璃에 차고 슬픈 것이 어른거린다.
열없이˚ 붙어 서서 입김을 흐리우니˚
길들은 양 언 날개를 파닥거린다.
지우고 보고 지우고 보아도
새까만 밤이 밀려 나가고 밀려와 부딪치고,
물먹은 별이, 반짝, 보석寶石처럼 박힌다.
밤에 홀로 유리琉璃를 닦는 것은
외로운 황홀한 심사이어니,
고운 폐혈관肺血管이 찢어진 채로
아아, 늬는˚ 산山새처럼 날아갔구나!

˚ 열없이 : 어떤 일이나 사실에 대해 마음이 겸연쩍고 부끄럽게
˚ 입김을 흐리우니 : 입김으로 흐려지게 하니
˚ 늬는 : 너는

난초蘭草

난초蘭草 잎은
차라리 수묵색水墨色.

난초蘭草 잎에
엷은 안개와 꿈이 오다.

난초蘭草 잎은
한밤에 여는 다문 입술이 있다.

난초蘭草 잎은
별빛에 눈 떴다 돌아눕다.

난초蘭草 잎은
드러난 팔구비˚를 어짜지˚ 못한다.

난초蘭草 잎에
적은 바람이 오다.

난초蘭草 잎은
칩다˚

˚팔구비 : 팔꿈치
˚어짜지 : 어쩌지
˚칩다 : 춥다. 차다

촛불과 손

고요히 그싯는˚ 손씨˚로
방 안 하나 차는 불빛!

별안간 꽃다발에 안긴 듯이
올빼미처럼 일어나 큰 눈을 뜨다.

　　　※
그대의 붉은 손이
바위틈에 물을 따오다˚,
산양山羊의 젖을 옮기다,
간소簡素한 채소菜蔬를 기르다,
오묘한 가지에
장미薔薇가 피듯이
그대 손에 초밤불˚이 낳도다.

˚ 그싯는: 성냥이나 끝이 뾰족한 물건을 평면에 댄 채로 어느 방향으로 약
　간 힘을 주어 움직이는
˚ 손씨: '솜씨'의 방언
˚ 따오다: 취해서 가져오다
˚ 초初밤불: 초저녁의 불빛

해협海峽

포탄砲彈으로 뚫은 듯 동그란 선창船窓으로
눈썹까지 부풀어 오른 수평水平이 엿보고,

하늘이 함폭˚ 나려앉아˚
큰악한˚ 암탉처럼 품고 있다.

투명透明한 어족魚族이 행렬行列하는 위치位置에
홋하게˚ 차지한 나의 자리여!

망토 깃에 솟은 귀는 소라 속같이
소란한 무인도無人島의 각적角笛˚을 불고—

해협海峽 오전午前 2시二時의 고독孤獨은 오롯한˚ 원광圓光˚을
쓰다.
서러울 리 없는 눈물을 소녀少女처럼 짓자.

나의 청춘青春은 나의 조국祖國!
다음날 항구港口의 개인 날씨여!

항해航海는 정히 연애戀愛처럼 비등沸騰˚하고
이제 어드메쯤˚ 한밤의 태양太陽이 피어오른다.

- 함폭 : 가득히, 온통
- 나려앉아 : 내려앉아
- 큰악한 : 크나큰, 어느 정도 큰
- 홋하게 : 딸린 사람이 적어서 매우 홀가분하게
- 각적 : 뿔피리
- 오롯한 : 모자람이 없이 온전한
- 원광 : 둥글게 빛나는 빛
- 비등 : 물 끓듯 떠들썩함
- 어드메쯤 : 어디쯤

蘭잎에 차은 바람이
오다 蘭닢은 칩다

석류柘榴

장미薔薇꽃처럼 곱게 피어 가는 화로에 숯불,
입춘立春 때 밤은 마른 풀 사르는* 냄새가 난다.

한겨울 지난 석류柘榴 열매를 쪼개어
홍보석紅寶石* 같은 알을 한 알 두 알 맛보노니,

투명透明한 옛 생각, 새론* 시름의 무지개여,
금金붕어처럼 어린 녀릿녀릿한* 느낌이여.

이 열매는 지난해 시월 상달, 우리 둘의
조그마한 이야기가 비롯될 때 익은 것이어니.

작은 아씨야, 가녀린 동무야, 남몰래 깃들인
네 가슴에 졸음 조는 옥토끼가 한 쌍.

옛 못 속에 헤엄치는 흰 고기의 손가락, 손가락,
외롭게 가볍게 스스로 떠는 은銀실 은銀실*,

아아 석류柘榴알을 알알이 비추어 보며
신라新羅 천년千年의 푸른 하늘을 꿈꾸노니.

* 사르는 : 불을 피워 태우는
* 홍보석 : 홍옥紅玉. 루비
* 새론 : 새로운
* 녀릿녀릿 : 여릿여릿한. 부드럽고 약한
* 은실 은실 : 은빛의 가는 실처럼 반짝이는 모양

발열發熱

처마 끝에 서린 연기 따라
포도葡萄˚ 순이 기어 나가는 밤, 소리 없이,
가믈음˚ 땅에 스며든 더운 김이
등에 서리나니, 훈훈히,
아아, 이 애 몸이 또 달아 오르노나.
가쁜 숨결을 드내쉬노니˚, 박나비˚처럼,
가녀린 머리, 주사˚ 찍은 자리에, 입술을 붙이고
나는 중얼거리다, 나는 중얼거리다,
부끄러운 줄도 모르는 다신교도多神教徒와도 같이.
아아, 이 애가 애자지게˚ 보채노나!
불도 약도 달도 없는 밤,
아득한 하늘에는
별들이 참벌˚ 날으듯 하여라.

˚ 포도 : 원문의 葡蔔는 葡萄의 오기인 것으로 판단됨
˚ 가믈음 : 가뭄
˚ 드내쉬노니 : 들이쉬고 내쉬노니
˚ 박나비 : 흰제비불나방
˚ 주사朱砂 : 광택이 있는 짙은 홍색의 광물로, 염료 또는 약재로 씀
˚ 애자지게 : 애처롭고 애틋하게
˚ 참벌 : 꿀벌. 황봉

향수鄕愁

넓은 벌 동쪽 끝으로
옛이야기 지줄대는˚ 실개천이 휘돌아 나가고,
얼룩백이 황소가
해설피˚ 금빛 게으른 울음을 우는 곳,

―그곳이 차마 꿈엔들 잊힐리야.

질화로에 재가 식어지면
비인 밭에 밤바람 소리 말을 달리고
엷은 졸음에 겨운 늙으신 아버지가
짚벼개˚를 돋아 고이시는 곳,

―그곳이 차마 꿈엔들 잊힐리야.

흙에서 자란 내 마음
파아란 하늘빛이 그리워
함부로 쏜 화살을 찾으러
풀섶˚ 이슬에 함추름˚ 휘적시던˚ 곳,

―그곳이 차마 꿈엔들 잊힐리야.

전설傳說 바다에 춤추는 밤물결 같은
검은 귀밑머리 날리는 어린 누이와
아무렇지도 않고 예쁠 것도 없는

사철 발 벗은 안해˚가
따가운 햇살을 등에 지고 이삭 줍던 곳,

― 그곳이 차마 꿈엔들 잊힐리야.

하늘에는 성근˚ 별
알 수도 없는 모래성으로 발을 옮기고,
서리까마귀˚ 우지짖고˚ 지나가는 초라한 지붕,
흐릿한 불빛에 돌아앉아 도란도란거리는 곳,

― 그곳이 차마 꿈엔들 잊힐리야.

˚지줄대는 : 낮은 목소리로 자꾸 지껄이는
˚해설피 : 해가 설핏 기울어 그 빛이 약해진 모양
˚짚벼개 : 볏짚으로 만든 베개
˚풀섶 : 풀숲
˚함추름 : '함초롬'의 변형. 담뿍 젖어 촉촉하게
˚휘적시던 : 푹 적시던
˚안해 : '아내'의 고어
˚성근 : 사이가 뜬 혹은 섞여 있는
˚서리까마귀 : 찬 서리가 내리는 가을철의 까마귀
˚우지짖고 : 울어 지저귀고

3

蘭잎에 정은 바람이
오다 蘭잎파 놉은 잡다

춘설春雪

문 열자 선뜻!
먼 산이 이마에 차라.

우수절雨水節 들어
바로 초하루 아침,

새삼스레 눈이 덮인 뫼뿌리와
서늘옵고 빛난 이마받이하다.

얼음 금가고 바람 새로 따르거니
흰 옷고름 절로 향기로워라.

옹숭거리고 살아난 양이
아아 꿈같기에 설어라.

미나리 파릇한 새순 돋고
옴짓 아니 긔던 고기 입이 오물거리는,

꽃 피기 전 철 아닌 눈에
핫옷 벗고 도로 칩고 싶어라.

- 우수절 : 24절기의 하나. 2월 19일경으로, 입춘과 경칩 사이에 있음
- 뫼뿌리 : 멧부리. 산등성이나 산봉우리의 가장 높은 꼭대기
- 서늘옵고 : 서늘하고
- 이마받이하다 : 이마를 서로 부딪치다
- 옹숭거리고 : 옹송그리고 몸을 궁상스럽게 옹그리고
- 설어라 : 서러워라
- 옴짓 : 옴직. 몸피가 작은 것이 조금씩 계속 움직이는 모양
- 긔던 : 기던. '긔다'는 '기다'의 옛말
- 핫옷 : 솜옷

고향 故鄕

고향에 고향에 돌아와도
그리던 고향은 아니러뇨.

산꿩이 알을 품고
뻐꾸기 제철에 울건만,

마음은 제 고향 지니지 않고
머언 항구港口로 떠도는 구름.

오늘도 메끝*에 홀로 오르니
흰 점 꽃이 인정스레 웃고,

어린 시절에 불던 풀피리 소리 아니 나고
메마른 입술에 쓰디쓰다.

고향에 고향에 돌아와도
그리던 하늘만이 높푸르구나.

* 메끝 : 산봉우리

4

蘭草그에 적은 바람이
오다 蘭사 교은 칩다

불사조不死鳥

비애悲哀! 너는 모양할 수도 없도다.
너는 나의 가장 안에서 살았도다.

너는 박힌 화살 날지 않는 새,
나는 너의 슬픈 울음과 아픈 몸짓을 지니노라.

너를 돌려보낼 아무 이웃도 찾지 못하였노라.
은밀히 이르노니—「행복幸福」이 너를 아주 싫어하더라.

너는 짐짓 나의 심장心臟을 차지하였더뇨?
비애悲哀! 오오 나의 신부新婦! 너를 위하야 나의 창窓과 웃음을
닫았노라

이제 나의 청춘靑春이 다한 어느 날 너는 죽었도다.
그러나 너를 묻은 아무 석문石門도 보지 못하였노라.

스사로* 불탄 자리에서 나래를 펴는
오오 비애悲哀! 너의 불사조不死鳥 나의 눈물이여!

---

* 스사로 : 스스로

나무

얼굴이 바로 푸른 하늘을 우러렀기에
발이 항시 검은 흙을 향하기 욕되지 않도다.

곡식알이 거꾸로 떨어져도 싹은 반듯이 위로!
어느 모양으로 심기어졌더뇨? 이상스런 나무 나의 몸이여!

오오 알맞은 위치位置! 좋은 위아래!
아담의 슬픈 유산遺産도 그대로 받았노라.

나의 적은 연륜年輪으로 이스라엘의 이천년二千年을 헤었노라.
나의 존재存在는 우주宇宙의 한낱 초조焦燥한 오점汚點이었도다.

목마른 사슴이 샘을 찾아 입을 잠그듯이
이제 그리스도의 못 박히신 발의 성혈聖血˚에 이마를 적시며―

오오! 신약新約˚의 태양太陽을 한 아름 안다.

˚성혈 : 성스러운 피. 여기서는 십자가에 못박힌 예수가 흘리는 피
˚신약 : '신약성서'의 준말

다른 하늘

그의 모습이 눈에 보이지 않았으나
그의 안에서 나의 호흡呼吸이 절로 달도다.

물과 성신聖神*으로 다시 낳은 이후
나의 날은 날로 새로운 태양太陽이로세!

뭇사람과 소란한 세대世代에서
그가 다만 내게 하신 일을 지니리라!

미리 가지지 않았던 세상이어니
이제 새삼 기다리지 않으련다.

영혼靈魂은 불과 사랑으로! 육신은 한낱 괴로움.
보이는 하늘은 나의 무덤을 덮을 뿐.

그의 옷자락이 나의 오관五官*에 사무치지 않았으나
그의 그늘로 나의 다른 하늘을 삼으리라.

* 성신 : 성령聖靈. 가톨릭 교회에서 성삼위의 하나임
* 오관 : 다섯 가지 감각기관. 눈·귀·코·혀·피부

또 하나 다른 태양太陽

온 고을이 받들 만한
장미薔薇 한 가지가 솟아난다 하기로
그래도 나는 고아 아니하련다.

나는 나의 나이와 별과 바람에도 피로疲勞웁다.

이제 태양太陽을 금시 잃어버린다 하기로
그래도 그리 놀라울 리 없다.

실상 나는 또 하나 다른 태양太陽으로 살았다.

사랑을 위하얀˚ 입맛도 잃는다.

외로운 사슴처럼 벙어리 되어 산山길에 설지라도―

오오, 나의 행복幸福은 나의 성모聖母 마리아˚!

˚ 위하얀 : 위하여는
˚ 성모 마리아 : 예수의 어머니를 높여 부름

임종臨終

나의 임종하는 밤은
귀또리˚ 하나도 울지 말라.

나종˚ 죄를 들으신 신부神父는
거룩한 산파産婆˚처럼 나의 영혼靈魂을 가르시라.

성모취결례聖母就潔禮˚ 미사 때 쓰고 남은 황촉黃燭불!

담머리˚에 숙인 해바라기꽃과 함께
다른 세상의 태양太陽을 사모하며 돌으라.

영원永遠한 나그넷길 노자路資˚로 오시는
성주聖主 예수의 쓰신 원광圓光!
나의 영혼에 칠색七色의 무지개를 심으시라.

나의 평생이요 나종인 괴롬!
사랑의 백금白金 도가니˚에 불이 되라.

달고 달으신 성모聖母의 이름 부르기에
나의 입술을 타게 하라.

- 귀또리 : '귀뚜라미'의 방언
- 나종 : 나중
- 산파 : 아이를 낳을 때, 아이를 받고 산모를 도와주는 일을 업으로 하는 자
- 성모취결례 : 예수가 태어난 지 40일 후에 마리아가 정결 예식을 치르고 예수를 하느님께 봉헌하기 위해 예루살렘으로 간 것을 기념하는 의식
- 담머리 : 담장 윗부분. 담벼락
- 노자 : 집을 떠나 여러 날 먼 길을 갈 때 드는 돈
- 도가니 : 쇠붙이를 녹이는 그릇. 강한 감격과 흥분 등으로 열광적으로 들끓는 상태

5

蘭草닢에 적은 바람이
오다 蘭닢 나부끼윤 접다

장수산長壽山 1

　　벌목정정伐木丁丁˚이랬거니　　　아람도리˚ 큰 솔이 베여짐직도 하이　　골이 울어 메아리 소리　쩌르렁　돌아옴직도 하이　　다람쥐도 좇지 않고 멧새도 울지 않아　　깊은 산 고요가 차라리 뼈를 저리우는데　　눈과 밤이 종이보담 희고녀!　달도 보름을 기다려 흰 뜻은 한밤 이 골을 걸음이란다?　　웃절 중이 여섯 판에 여섯 번 지고 웃고 올라간 뒤　　조찰히˚ 늙은 사나이의 남긴 내음새를 줏는다?　　　시름은 바람도 일지 않는 고요에 심히 흔들리우노니　　오오 견디란다　차고 올연兀然히˚　슬픔도 꿈도 없이　장수산長壽山 속 겨울 한밤내—

˚ 벌목정정 : 나무를 베는 소리
˚ 아람도리 : 한 아름이 넘는 큰 나무나 물건
˚ 조찰히 : 깨끗이
˚ 올연히 : 홀로 우뚝한 모양으로

장수산長壽山 2

 풀도 떨지 않는 돌산이오　　돌도 한 덩이로　　열두 골을 고비고비˚ 돌았세라　　찬 하늘이 골마다 따로 씌웠고 얼음이 굳이 얼어　　디딤돌이 믿음직하이　　꿩이 긔고 곰이 밟은 자국에　　나의 발도 놓이노니 물소리 귀또리처럼 즉즉喞喞˚하놋다˚　　피락 마락 하는 햇살에　　눈 우에˚ 눈이 가리어 앉다　　흰 시울˚ 아래 흰 시울이　　눌리어 숨쉬는다　　온 산중 나려앉는 휙진˚ 시울들이 다치지 안히˚! 나도 내던져 앉다　　일찍이 진달래꽃 그림자에 붉었던 절벽絶壁 보이한˚ 자리 우에!

˚ 고비고비 : 굽이굽이
˚ 즉즉 : 새나 풀벌레가 우는 소리
˚ 하놋다 : 하도다
˚ 우에 : 위에
˚ 시울 : 약간 굽거나 흰 부분의 가장자리. 흔히 입이나 눈 언저리를 이름
˚ 휙진 : '휘어진'의 강세형 변형
˚ 안히 : 않게
˚ 보이한 : 보얀. 연기나 안개가 낀 것같이 선명하지 않고 희끄무레한

백록담白鹿潭

1

　절정絶頂에 가까울수록 뻐꾹채 꽃 키가 점점 소모消耗된다. 한 마루 오르면 허리가 슬어지고 다시 한 마루 우에서 모가지가 없고 나종에는 얼굴만 갸웃 내다본다. 화문花紋처럼 판版 박힌다. 바람이 차기가 함경도咸鏡道 끝과 맞서는 데서 뻐꾹채 키는 아주 없어지고도 팔월八月 한철엔 흩어진 성신星辰처럼 난만爛漫하다. 산山그림자 어둑어둑하면 그러지 않아도 뻐꾹채 꽃밭에서 별들이 켜든다. 제자리에서 별이 옮긴다. 나는 여기서 기진했다.

2

　암고란巖古蘭 환약丸藥같이 어여쁜 열매로 목을 축이고 살아 일어섰다.

3

　백화白樺 옆에서 백화白樺가 촉루髑髏가 되기까지 산다. 내가 죽어 백화白樺처럼 흴 것이 숭없지 않다.

4

　귀신鬼神도 쓸쓸하여 살지 않는 한 모롱이, 도체비꽃이 낮에도 혼자 무서워 파랗게 질린다.

5

　바야흐로 해발海拔 육천 척六千呎 위에서 마소가 사람을 대수롭게 아니 여기고 산다. 말이 말끼리, 소가 소끼리 망아지가 어미 소를, 송아지가 어미 말을, 따르다가 이내 헤어진다.

6

첫 새끼를 낳느라고 암소가 몹시 혼이 났다. 얼결에 산山길 백리百里를 돌아 서귀포西歸浦로 달아났다. 물도 마르기 전에 어미를 여읜 송아지는 움매애 움매애 울었다. 말을 보고도 등산객登山客을 보고도 마구 매어달렸다. 우리 새끼들도 모색毛色이 다른 어미한테 맡길 것을 나는 울었다.

7

풍란風蘭˚이 풍기는 향기香氣, 꾀꼬리 서로 부르는 소리, 제주濟州 휘파람새 휘파람 부는 소리, 돌에 물이 따로 구르는 소리, 먼 데서 바다가 구길 때 솨아솨아 솔 소리, 물푸레 동백 떡갈나무 속에서 나는 길을 잘못 들었다가 다시 췩넌출˚ 긔여간 흰 돌바기˚ 고부랑길로 나섰다. 문득 마주친 아롱점말이 피避하지 않는다.

8

고비 고사리 더덕순 도라지꽃 취 삿갓나물 대풀 석용石茸˚ 별과 같은 방울을 다른 고산식물高山植物을 새기며 취醉하며 자며 한다. 백록담白鹿潭 조찰한 물을 그리어 산맥山脈 우에서 짓는 행렬行列이 구름보다 장엄壯嚴하다. 소나기 놋낫˚ 맞으며 무지개에 말리우며 궁둥이에 꽃물 이겨 붙인 채로 살이 붓는다.

9

  가재도 긔지 않는 백록담白鹿潭 푸른 물에 하늘이 돈다. 불구不具에 가깝도록 고단한 나의 다리를 돌아 소가 갔다. 쫓겨 온 실구름 일말一抹에도 백록담白鹿潭은 흐리운다. 나의 얼굴에 한나절 포긴 백록담白鹿潭은 쓸쓸하다. 나는 깨다 졸다 기도祈禱조차 잊었더니라.

* 소모 : 원문의 消耗는 消耗의 오기인 것으로 판단됨
* 뻐꾹채 : 국화과의 여러해살이 풀
* 슬어지고 : 사라지고
* 화문 : 꽃무늬
* 성신 : 별무리
* 난만하다 : 꽃이 활짝 많이 피어 화려하다
* 켜든다 : 빛이 나는 물건을 켜서 밝게 한다
* 기진 : 기운이 다하여 힘이 없음
* 암고란 : 시로밋과의 상록 관목. '巖高蘭'의 잘못된 표기이지만 의미상 의도적으로 쓴 것으로 보임
* 백화 : 자작나무과에 속하는 잎 지는 키나무의 한 가지
* 촉루 : 살이 전부 썩고 남은 송장의 뼈
* 숭없지 : 흉없지
* 도체비꽃 : '도깨비꽃'의 방언
* 마소 : 말과 소
* 풍란 : 난초과의 상록 다년초
* 칡넌출 : 칡덩굴
* 흰 돌바기 : 흰 돌 박힌
* 석용 : 지의류의 하나. 엽상체 식물에 속한다
* 놋낫 : 노끈을 드리운 듯 빗발이 굵고 곧게 뻗치며 죽죽 내리 쏟아지는 모양
* 일말 : 없지 않을 정도로 약간 있음을 나타내는 말
* 포긴 : 포갠

옥류동 玉流洞

골에 하늘이
따로 트이고,

폭포瀑布 소리 하잔히
봄우뢰를 울다.

날가지 겹겹이
모란 꽃잎 포기이는 듯.

자위 돌아 사폿 질 듯
위태로이 솟은 봉오리들.

골이 속 속 접히어 들어
이내晴嵐가 새포롬 서그러거리는 숫도림.

꽃가루 묻힌 양 날아올라
나래 떠는 해.

보랏빛 햇살이
폭幅 지어 빗겨 걸치이매,

기슭에 약초藥草들의
소란한 호흡呼吸!

들새도 날아들지 않고
신비神秘가 한껏 저자 선 한낮.

물도 젖어지지 않아
흰 돌 우에 따로 구르고,

닦아 스미는 향기에
길초˚마다 옷깃이 매워라.

귀뚜리도
흠식˚ 한양˚

옴짓
아니 긴다.

˚ 옥류동 : 금강산에 있는 계곡으로 비봉 폭포가 절경을 이룸
˚ 하잔히 : 잔잔하고 한가로이
˚ 봄우뢰 : 봄우레. 역사적 사건의 태동을 알리는 신호를 비유적으로 이르는 말
˚ 자위돌아 : 무거운 물건이 붙박이로 놓였던 자리를 돌아나가
˚ 사풋 : 소리가 거의 나지 않을 정도로 발을 가볍게 내딛는 소리
˚ 이내 : 해질 무렵 멀리 보이는 푸르스름하고 흐릿한 기운
˚ 새포롬 : 산뜻하게 파르스름한 모양
˚ 서그러거리는 : 낮고 조용하게 소리를 내는
˚ 숫도림 : '숫두어리다'의 변형으로 낮게 속살대는 모양
˚ 길초 : 길처. 가는 길의 근처
˚ 흠식 : 흠실. 비교적 가벼운 물체가 흔들리는 모양
˚ 한양 : 하냥. '늘'의 잘못. '함께'의 방언

인동차忍冬茶

노주인老主人의 장벽腸壁*에
무시無時로* 인동忍冬* 삼긴 물이 나린다.

자작나무 덩그럭* 불이
도로 피어 붉고,

구석에 그늘 지어
무가 순 돋아 파릇하고,

흙냄새 훈훈히 김도 사리다가
바깥 풍설風雪 소리에 잠착하다*.

산중山中에 책력册曆*도 없이
삼동三冬*이 하이얗다.

* 장벽 : 장의 벽. 소화·흡수에 중요한 작용을 함
* 무시로 : 정한 때가 없이 수시로
* 인동 : 인동과의 반상록 덩굴성 식물
* 덩그럭 : 불이 피어오르는 모양
* 잠착潛着하다 : 잠척하다. 한 가지 일에만 정신을 골똘하다
* 책력 : 일년 동안의 월일, 해와 달의 운행, 월식과 일식, 절기, 특별한 기상 변동 따위를 날의 순서에 따라 적은 책
* 삼동 : 겨울의 석 달

폭포 瀑布

산골에서 자란 물도
돌베람빡˚ 낭떠러지에서 겁이 났다.

눈뎅이 옆에서 졸다가
꽃나무 알로˚ 우정 돌아

가재가 긔는 골짝
죄그만 하늘이 갑갑했다.

갑자기 호숩어질랴니˚
마음 조일밖에.

흰 발톱 갈갈이˚
앙징스레도˚ 할퀸다.

어쨌든 너무 재재거린다.
나려질리자˚ 쭐뼷˚ 물도 단번에 감수˚했다.

심심산천에 고사리밥
모조리 졸리운 날

송홧가루
노랗게 날리네.

산수山水 따라온 신혼新婚 한 쌍
앵두같이 상기*했다.

돌부리 뾰죽뾰죽 무척 고부라진 길이
아기자기 좋아라 왔지!

하인리히 하이네* 적부터
동그란 오오 나의 태양太陽도

겨우 끼리끼리의 발꿈치를
조롱조롱 한나절 따라왔다.

산간에 폭포수는 암만해도 무서워서
긔염긔염* 긔며 나린다.

* 돌베람빡 : 돌벼랑
* 알로 : 아래로
* 호숩어질랴니 : '재미있어지려니'의 방언
* 갈갈이 : 갈가리
* 앙징스레도 : 앙증스레도
* 나려질리자 : '내려지자'의 변형
* 쭐뼷 : 어색하게 두드러진 모양
* 감수 : 불만 없이 달게 받다
* 상기 : 흥분이나 수치감으로 얼굴이 붉어짐
* 하인리히 하이네 : 독일의 시인(1797~1856). 독일 낭만주의의 흐름을 따른 서정시의 명작을 낳음
* 긔염긔염 : 기어가는 동작을 나타냄

나비

　　시기지˚ 않은 일이 서둘러 하고 싶기에 난로暖爐에 싱싱한 물푸레 갈아 지피고　　등피燈皮 호 호 닦아 끼워 심지 튀기니 불꽃이 새록 돋다　　미리 떼고 걸고 보니 칼렌다˚ 이튿날 날짜가 미리 붉다　　이제 차츰 밟고 넘을 다람쥐 등솔기같이 구브레˚ 벋어 나갈 연봉連峯˚ 산맥山脈 길 우에 아슬한 가을 하늘이여　　초침秒針 소리 유달리 뚝닥거리는 낙엽落葉 벗은 산장山莊 밤　　창窓 유리까지에 구름이 드뉘니˚ 후 두 두 두 낙수落水 짓는 소리　　크기 손바닥만한 어인 나비가 따악 붙어 들여다본다　　가엾어라 열리지 않는 창窓 주먹 쥐어 징징 치니 날을 기식氣息˚도 없이 네 벽壁이 도리어 날개와 떠다　　해발海拔 오천 척五千呎 우에 떠도는 한 조각 비 맞은 환상幻想 호흡呼吸하느라 서툴리 붙어 있는 이 자재화自在畵˚ 한 폭幅은 활 활 불 피어 담기어 있는 이상스런 계절季節이 몹시 부러웁다　　날개가 찢어진 채 검은 눈을 잔나비처럼 뜨지나 않을까 무서워라　　구름이 다시 유리에 바위처럼 부서지며　　별도 휩쓸려 내려가 산山 아래 어느 마을 우에 총총하뇨　　백화白樺 숲 희부옇게 어정거리는 절정絕頂　　부유스름하기 황혼黃昏 같은 밤.

˚ 시기지 : '시키지'의 방언
˚ 칼렌다 : 캘린더(calendar), 달력
˚ 구브레 : 구부렁하게
˚ 연봉 : 죽 이어져 있는 산봉우리
˚ 드뉘니 : 안으로 드리우니
˚ 기식 : 호흡의 기운
˚ 자재화 : 자, 컴퍼스 따위의 기구를 쓰지 않고 연필이나 붓만으로 그린 그림

진달래

　　한 골에서 비를 보고　　한 골에서 바람을 보다　　한 골에 그늘 딴 골에 양지　따로따로 갈아˚ 밟다　　무지개 햇살에 빗걸린 골 산山벌 떼 두름박˚ 지어　　위잉위잉 두르는 골 잡목雜木 수풀 누릇 붉읏 어우러진 속에 감추어 낮잠 듭신 칡범˚ 냄새 가장자리를 돌아　　어마어마˚ 긔어 살아 나온 골 상봉上峯에 올라 별보다 깨끗한 돌을 드니　　백화白樺 가지 위에 하도 푸른 하늘······ 포르르 풀매˚······ 온 산중 홍엽紅葉이 수런수런거린다　　아랫절 불 켜지 않은 장방˚에 들어 목침을 달쿠어˚ 발바닥 꼬아리˚를 슴슴 지지며　　그제사˚ 범의 욕을 그놈 저놈 하고 이내 누웠다　　바로 머리맡에 물소리 흘리며 어느 한 곬˚으로 빠져나가다가　　난데없는 철 아닌 진달래꽃 사태를 만나 나는 만신萬身˚을 붉히고 서다.

˚ 갈아 : 구별하여 골라
˚ 두름박 : '두레박'의 방언
˚ 칡범 : 온 몸에 칡덩굴 같은 무늬가 있는 범
˚ 어마어마 : 몹시 놀랐을 때 내는 소리
˚ 풀매 : 팔매. 조그만 돌 따위를 멀리 내던지는 일
˚ 장방 : 너비보다 길이가 길고 큰 방 또는 휘장을 둘러친 방
˚ 달쿠어 : '달구어'의 변형
˚ 꼬아리 : '꽈리'의 변형
˚ 그제사 : 그제야
˚ 곬 : 한쪽으로 트인 길
˚ 만신 : 온 몸. 몸의 전체

꽃과 벗

석벽石壁 깎아지른
안돌이 지돌이˚,
한나절 긔고 돌았기
이제 다시 아슬아슬하고나.

일곱 걸음 안에
벗은, 호흡呼吸이 모자라
바위 잡고 쉬며 쉬며 오를 제,
산山꽃을 따,

나의 머리며 옷깃을 꾸미기에,
오히려 바빴다.

나는 번인蕃人˚처럼 붉은 꽃을 쓰고,
약弱하야 다시 위엄威嚴스런 벗을,
산山길에 따르기 한결 즐거웠다.

물소리 끊인 곳,
흰 돌 이마에 회돌아˚ 서는 다람쥐 꼬리로
가을이 짙음을 보았고,

가까운 듯 폭포瀑布가 하잔히 울고,
메아리 소리 속에
돌아져 오는

벗의 부름이 더욱 좋았다.

삽시* 엄습掩襲해 오는
빗낯*을 피하야,

짐승이 버리고 간 석굴石窟을 찾아들어,
우리는 떨며 주림을 의논하였다.

백화白樺 가지 건너
짙푸르러 찡그린 먼 물이 오르자,
꼬아리같이 붉은 해가 잠기고,

이제 별과 꽃 사이
길이 끊어진 곳에
불을 피고 누웠다.

낙타駱駝 털 케트*에
구기인 채
벗은 이내 나비같이 잠들고,

높이 구름 위에 올라,
나룻*이 잡힌 벗이 도리어
안해같이 여쁘기에*,
눈 뜨고 지키기 싫지 않았다.

- 안돌이 지돌이 : 안팎으로 굽이쳐 돌아가는 모양
- 번인 : 만인蠻人. 미개한 종족의 사람
- 회돌아 : 어떤 한 점, 물건 등을 중심으로 돌아
- 삽시 : 삽시간의 준말
- 빗낯 : 빗날. 빗방울
- 케트 : 블랭킷(blanket)의 준말. 담요의 일본식 발음
- 나룻 : 입가, 턱, 뺨에 난 털의 통칭. 수염
- 여쁘기에 : 예쁘기에

6

蘭草닢에 적은 바람이
오다 蘭草 닢은 칩다

노인老人과 꽃

 노인老人이 꽃나무를 심으심은 무슨 보람을 위하심이오니까. 등이 곱으시고 숨이 차신데도 그래도 꽃을 가꾸시는 양을 뵈오니, 손수 공들이신 가지에 붉고 빛나는 꽃이 맺으리라고 생각하오니, 희고 희신 나룻이나 주름살이 도리어 꽃답도소이다.
 나이 이순耳順을 넘어 오히려 여색女色을 기르는 이도 있거니 실로 누陋하기 그지없는 일이옵니다. 빛깔에 취醉할 수 있음은 빛이 어느 빛일는지 청춘青春에 맡길 것일는지도 모르겠으나 쇠년衰年에 오로지 꽃을 사랑하심을 뵈오니 거룩하시게도 정정하시옵니다.
 봄비를 맞으시며 심으신 것이 언제 바람과 햇빛이 더워 오면 고운 꽃봉오리가 촉燭불 켜듯 할 것을 보실 것이매 그만치 노래老來의 한 계절季節이 헛되이 지나지 않은 것이옵니다.
 노인老人의 고담枯淡한 그늘에 어린 자손子孫이 희희戲戲하며 꽃이 피고 나무와 벌이 날며 닝닝거린다는 것은 여년餘年과 해골骸骨을 장식裝飾하기에 이렇듯 화려華麗한 일이 없을 듯하옵니다.
 해마다 꽃은 한 꽃이로되 사람은 해마다 다르도다. 만일 노인老人 백세百歲 후後에 기거起居하시던 창호窓戶가 닫히고 뜰 앞에 손수 심으신 꽃이 난만爛漫할 때 우리는 거기서 슬퍼하겠나이다. 그 꽃을 어찌 즐길 수가 있으리까. 꽃과 주검을 실로 슬퍼할 자는 청춘青春이요 노년老年의 것이 아닐까 합니다. 분방奔放히 끓는 정염情炎이 식고 호화豪華롭고도 훳훳한 부끄럼과 건질 수 없는 괴롬으로 수繡놓은 청춘青春의 웃옷을 벗은 뒤에 오는 청수清秀하고 고고孤高하고 유한幽閑하고 완강

頑強하기 학鶴과 같은 노년老年의 덕德으로서 어찌 주검과 꽃을 슬퍼하겠습니까. 그러기에 꽃이 아름다움을 실로 볼 수 있기는 노경老境˚에서일까 합니다.

멀리멀리 나 — 따˚ 끝으로서 오기는 초뢰사初瀨寺의 백목단白牧丹 그중 일점一點 담홍淡紅빛을 보기 위하야.

의젓한 시인詩人 폴 클로델˚은 모란 한 떨기 만나기 위하야 이렇듯 멀리 왔더라니, 제자위˚에 붉은 한 송이 꽃이 심성心性의 천진天眞˚과 서로 의지하며 즐기기에는 바다를 몇씩 건너 온다느니보담 미옥美玉과 같이 탁마琢磨˚된 춘추春秋를 지니어야 할까 합니다.

실상 청춘靑春은 꽃을 그다지 사랑할 바도 없을 것이며 다만 하늘의 별, 물 속의 진주, 마음속에 사랑을 표정表情하기 위하야 꽃을 꺾고 꽂고 선사하고 찢고 하였을 뿐이 아니었습니까. 이도 또한 노년老年의 지혜智慧와 법열法悅˚을 위하야 청춘이 지나지 아니치 못할 연옥煉獄˚과 시련試練이기도 하였습니다.

오호嗚呼˚ 노년老年과 꽃이 서로 비추고 밝은 그 어느 날 나의 나룻도 눈과 같이 희어지이다 하노니 나머지 청춘靑春에 다시 설레나이다.

- 누하기 : 누추하기
- 쇠년 : 늙어서 쇠약하여 가는 나이
- 노래 : '늘그막'을 점잖게 이르는 말
- 고담 : 서화, 문장 등이 속되지 아니하고 인품이 있음
- 희희하며 : 희롱하여 노는 것이 즐거우며
- 닝닝거린다는 : '잉잉거린다는'의 변형. 연하여 잉잉 우는 소리를 낸다는
- 여년 : 늙은이의 죽을 때까지의 나머지 세월
- 분방 : 규율이나 어떤 틀에서 벗어나 마음대로 함
- 정염 : 불같이 타오르는 욕정
- 청수 : 얼굴이나 모습 따위가 깨끗하고 빼어남
- 고고 : 세상일에 초연하여 홀로 고상함
- 유한 : 여자의 인품이 조용하고 그윽함
- 노경 : 늙어서 나이가 많은 때. 또는 그때 즈음
- 따 : 땅
- 폴 클로델 : 프랑스의 외교관, 시인, 극작가(1868~1955)
- 제자위 : 그것이 놓여 있던 자리
- 천진 : 꾸밈이나 거짓이 없이 자연 그대로의 깨끗하고 순진함
- 탁마 : 옥이나 돌 따위를 쪼고 갊. 학문이나 덕행 따위를 닦음을 비유적으로 이르는 말
- 법열 : 참된 이치를 깨달았을 때 느끼는 황홀한 기쁨
- 연옥 : 죽은 사람의 영혼이 천국에 들어가기 전에 남은 죄를 씻기 위하여 불로써 단련받는 곳
- 오호 : 슬플 때나 탄식할 때 내는 소리

꾀꼬리와 국화菊花

 물오른 봄버들가지를 꺾어 들고 들어가도 문안 사람들은 부러워하는데 나는 서울서 꾀꼬리 소리를 들으며 살게 되었다.
 새문 밖 감영 앞에서 전차를 내려 한 십 분쯤 걷는 터에 꾀꼬리가 우는 동네가 있다니깐 별로 놀라워하지 않을 뿐 외라˙ 치하하는 이도 적다.
 바로 이 동네 인사人士들도 매 칸에 시세가 얼마며 한 평에 얼마 오르고 나린 것이 큰 관심關心거리지 나의 꾀꼬리 이야기에 어울리는 이가 적다.
 이삿짐 옮겨다 놓고 한밤 자고 난 바로 이튿날 햇살 바른 아침, 자리에서 일기도 전에 기왓골이 옥玉인 듯 쨔르르 쨔르르 울리는 신기한 소리에 놀랐다.
 꾀꼬리가 바로 앞 나무에서 우는 것이었다.
 나는 뛰어나갔다.
 적어도 우리 집 사람쯤은 부지깽이를 놓고 나오든지 든 채로 황황히 나오든지 해야 꾀꼬리가 바로 앞 나무에서 운 보람이 설 것이겠는데 세상에 사람들이 이렇다시도˙ 무딜 줄이 있으랴. 저녁때 한가한 틈을 타서 마을 둘레를 거니노라니 꾀꼬리뿐이 아니라 까투리가 풀섶에서 푸드득 날아갔다 했더니 장끼가 산이 쩌르렁 하도록 우는 것이다.
 산비둘기도 모이를 찾아 마을 어귀까지 내려오고, 시어머니 진짓상 나수어다˙ 놓고선 몰래 동산 밤나무 가지에 목을 매어 죽었다는 며느리의 넋이 새가 되었다는 며느리새도 울고 하는 것이었다.
 며느리새는 외진 곳에서 숨어서 운다. 밤나무 꽃이 눈같이 훨 무렵 아침 저녁 밥상 받을 때 유심히도 극성스럽게 우는 새다. 실큿하게도 슬픈 울음에 정말 목을 매는 소리로 끝을 맺는다.

 며느리새의 내력을 알기는 내가 열세 살 적이었다.

 지금도 그 소리를 들으면 열세 살 적 외롬과 슬픔과 무섬탐이 다시 일기에 며느리새가 우는 외진 곳에 가다가 발길을 돌이킨다.

 나라 세력으로 자란 솔들이라 고스란히 서 있을 수밖에 없으려니와 바람에 솔 소리처럼 아늑하고 서럽고 즐겁고 편한 소리는 없다. 오롯이 패잔敗殘한 후에 고요히 오는 위안慰安, 그러한 것을 느끼기에 족한 솔 소리, 솔 소리로만 하더라도 문밖으로 나온 값은 칠 수밖에 없다.

 동저고리 바람을 누가 탓할 이도 없으려니와 동저고리 바람에 따르는 훗훗하고 가볍고 자연自然과 사람에 향하야 아양 떨고 싶기까지 한 야릇한 정서情緖, 그러한 것을 나는 비로소 알아내었다.

 팔을 걷기도 한다. 그러나 주먹은 잔뜩 쥐고 있어야 할 이유理由가 하나도 없고, 그 많이도 흉을 잡히는 입을 벌리는 버릇도 동저고리 바람엔 조금 벌려 두는 것이 한층 편하고 수월하기도 하다.

 무릎을 세우고 안으로 깍지를 끼고 그대로 아무 데라도 앉을 수 있다. 그대로 한나절 앉았기로서니 나의 게으른 탓이 될 수 없다. 머리 우에 구름이 절로 피명 지명 하고 골에 약물이 사철 솟아 주지 아니하는가.

뻐끔채꽃, 엉겅퀴송이, 그러한 것이 모두 내게는 끔찍한 것이다. 그 밑에 앉고 보면 나의 몸뚱아리, 마음, 얼 할 것 없이 호탕하게도 꾸미어지는 것이다.

사치스럽게 꾸민 방에 들 맛도 없으려니와, 나이 삼십三十이 넘어 애인이 없을 사람도 뻐끔채 자주 꽃 피는 데면 내가 실컷 살겠다.

바람이 자면 노오란 보리밭이 후끈하고 송진이 고여 오르고 뻐꾸기가 서로 불렀다.

아침 이슬을 흩으며 언덕에 오를 때 대수롭지 안히 흔한 달기풀꽃이라도 하나 업수이 여길 수 없는 것을 보았다. 이렇게 적고 푸르고 이쁜 꽃이었던가 새삼스럽게 놀라웠다.

요렇게 푸를 수가 있는 것일까.

손끝으로 으깨어 보면 아깝게도 곱게 푸른 물이 들지 않던가. 밤에는 반딧불이 불을 켜고 푸른 꽃잎에 오므라붙는 것이었다.

한번은 닭이풀꽃을 모아 잉크를 만들어 가지고 친구들한테 편지를 염서艶書같이 써 부치었다. 무엇보다도 꾀꼬리가 바로 앞 나무에서 운다는 말을 알리었더니 안악安岳 친구는 굉장한 치하 편지를 보냈고 장성長城 벗은 겸사겸사 멀리도 집알이를 올라왔었던 것이다.

그날사 말로 새침하고 꾀꼬리가 울지 않았다. 맥주 거품도 꾀꼬리 울음을 기다리는 듯 고요히 이는데 장성長城 벗은 웃기만 하였다.
 붓대를 희롱하는 사람은 가끔 이러한 섭섭한 노릇을 당한다.
 멀리 연기와 진애˚를 걸러 오는 사이렌 소리가 싫지 않게 곱게 와 사라지는 것이었다.
 꾀꼬리는 우는 제철이 있다.
 이제 계절季節이 아주 바뀌고 보니 꾀꼬리는 커니와 며느리새도 울지 않고 산비둘기만 극성스러워진다.
 꽃도 잎도 이울고 지고 산국화도 마지막 슬어지니 솔 소리가 억세어 간다.
 꾀꼬리가 우는 철이 다시 오고 보면 장성長城 벗을 다시 부르겠거니와 아주 이우러진 이 계절季節을 무엇으로 기울 것인가.
 동저고리 바람에 마고자를 포개어 입고 은銀단추를 달리라.
 꽃도 조선朝鮮 황국黃菊은 그것이 꽃 중에는 새틈˚의 꾀꼬리와 같은 것이다. 내가 이제로 황국黃菊을 보고 취醉하리로다.

˚ 외라 : 예상 밖이다. 특이하다
˚ 이렇다시도 : 이렇게도
˚ 나수어다 : 내어서 드려
˚ 실큿하게도 : 제주 방언. '실큿'은 실컷을 의미.
˚ 염서 : 남녀간의 애정을 담아 써서 보내는 편지
˚ 진애 : 티끌과 먼지를 통틀어 이르는 말
˚ 새틈 : 새들 사이. 조류 중에서는

· 해설

정지용의 시세계와 문학사적 의미

최동호[*]

1. 정지용과 언어에 대한 자각

20세기가 첫 새벽을 연 1902년 충북 옥천에서 출생한 정지용은 1923년 휘문학교를 졸업하고 이후 1929년까지 일본 도시샤(同志社)대학에서 유학, 귀국하여 모교인 휘문학교와, 이화여전에서 교편을 잡았다. 1926년부터 공식적으로 작품활동을 시작한 정지용은 1930년『시문학』동인으로 본격적인 문단활동을 전개하였으며 두 권의 시집『정지용시집』(1935)과『백록담』(1941)을 통해 1930년대 이후 한국 현대시사를 새롭게 열어놓았다. 1946년 간행한 자선시선집『지용시선』은 앞서 간행한 두 권의 시집에서 지용 자신이 선별한 것으로서 당시까지 지용의 시적 업적을 집약해 보여주고 있다.

그는 한국 현대시사에서 '언어에 대한 자각'을 실천한 최초의 시인으로 평가된다. 1920년대 대부분의 시인들의 시가 과도한 감정의 분출에 의해 씌어지던 것에 비해, 정지용은 감정

자료출처: 『정지용 사전』(이하 같은 책)

1930년 『시문학』 창간 당시. 앞줄 왼쪽부터 김윤식, 정인보, 변영로, 뒷줄 왼쪽부터 이하윤, 박용철, 정지용

을 이지적으로 절제시켜 이미지로 표현하는 새로운 시법을 정착하는 데 기여한다. 그가 「시와 언어」에서 "시의 신비는 언어의 신비다. 시는 언어와 Incarnation적 일치다. 그러므로 시의 정신적 심도는 필연적으로 언어의 정령을 잡지 않고서는 표현 제작에 오를 수 없다"라고 한 것처럼 언어에 대한 그의 자각은 남다른 것이었다.

2. 모던한 감각과 시적 재기

1923년 5월 경도(京都)의 도시샤대학에 입학한 정지용은 그 이전에 전혀 접하지 못한 문물과 새로운 세계를 보았을 것이다. 특히 휘문학교 교주 민영휘의 도움으로 교비유학생으로 유학한 그는 빈곤한 가정환경과 유학생이라는 신분적 괴리와 동시에 식민지배하에 있는 조선 출신의 유학생이라는 것에 이중의 압박감을 가졌으리라 짐작된다.

1930년대 초 휘문고보 재직시의 정지용

정지용의 첫 발표작인 「카페·프란스」(『학조』 1926. 6)는 이와 같은 상황에서 일본에 유학하고 있던 젊은 청년들의 복합적인 자의식을 모던한 감각으로 표현했다는 점에서 흥미로운 관심의 대상이 된다. 「카페·프란스」에서 각기 다른 풍모와 개성을 지닌 청년들이 달려가는 풍경과 옮겨다 심은 종려나무와 앵무새 등의 이국적인 분위기 카페 프란스는 서구를 동경하는 젊은 유학생들의 자의식을 효과적으로 나타내고 있다. 졸고 있는 카페의 아가씨들도 나른하고 도취적인 자의식의 다른 일면을 시사한다. 특히 마지막에는 이국종 강아지가 등장하여 "나는 나라도 집도 없단다"라는 화자의 울분 섞인 독백을 독자에게 격정적으로 토로하여 극적인 장면을 연출한다. 또한 이 시에서 지용은 다다이즘적 형식 실험도 하고 있는데 문장부호의 사용이나 활자의 다양한 배치 등 당시 문단에서 유행하던 실험적인 시 형식이 시도된 것이다. 그러나 이런 실험적인 시도는 단시간에 극복되어「향수」(『조선지광』 65호, 1927. 3)와「유리창 1」(『조선지광』 89호, 1930. 1) 등의 시편을 통해 정지용 자신만의 독자적인 시의 길을 개척하였다.

 넓은 벌 동쪽 끝으로
 옛이야기 지줄대는 실개천이 휘돌아 나가고,
 얼룩백이 황소가
 해설피 금빛 게으른 울음을 우는 곳,

 —그곳이 차마 꿈엔들 잊힐리야.

 질화로에 재가 식어지면
 비인 밭에 밤바람 소리 말을 달리고
 엷은 졸음에 겨운 늙으신 아버지가
 짚벼개를 돋아 고이시는 곳,

―그곳이 차마 꿈엔들 잊힐리야.

　　　　　　　　　　　　－「향수」 부분

　오늘날까지 널리 알려진 국민적 애송시이자 정지용의 초기 대표작이라고 할 수 있는 「향수」는 일본 유학시절 고향을 그리는 절절한 마음을 탁월하게 형상화한 작품으로 성가가 높다. 이 시는 언어의 뛰어난 조탁과 절묘한 이미지 구사 그리고 음악적 율조미 등으로 인하여 독자로 하여금 자기도 모르게 향수에 젖어들게 만드는 마력을 가지고 있다. "해설피 금빛 게으른 울음"과 "엷은 졸음에 겨운" 그리고 매연에 반복되는 후렴구 "―그곳이 차마 꿈엔들 잊힐리야" 등의 다양한 언어들이 어우러져 시적 효과를 드높이고 있다.

　「향수」에 비하여 조형적 회화성이 두드러져 보이는 「유리창 1」은 박용철에 의하면 아들을 잃은 슬픔을 형상화한 것이라고 알려져 있는데 1920년대 슬픔의 시와 다른 1930년대 모더니즘의 시적 감각을 보여준다는 점에서 주목된다.

　　유리琉璃에 차고 슬픈 것이 어른거린다.
　　열없이 붙어 서서 입김을 흐리우니
　　길들은 양 언 날개를 파닥거린다.
　　지우고 보고 지우고 보아도

새까만 밤이 밀려 나가고 밀려와 부딪치고,
　　물먹은 별이, 반짝, 보석寶石처럼 박힌다.
　　밤에 홀로 유리琉璃를 닦는 것은
　　외로운 황홀한 심사이어니,
　　고운 폐혈관肺血管이 찢어진 채로
　　아아, 늬는 산山새처럼 날아갔구나!

　　　　　　　　　　　　―「유리창」전문

　이 시에서 지용이 동시대의 시인들과 구별되는 차이를 보여주는 것은 이미지의 조형능력이다. 1920년대 시인들처럼 슬픔의 정서를 문면에 그대로 노출하거나 리듬에 실어 시적 정서를 표현하지 않고 차고 단단한 물질적 이미지로 언어화시켜 보여주고 있다. 특히 "물먹은 별이, 반짝, 보석처럼 박힌다"고 하여 투명하고 단단한 결정체로 슬픔의 감정을 구체화한 것은 지용이 보여준 남다른 시법이다.

　여기서 더 나아가 정지용의 재기와 감각이 어우러진 독자적인 세계를 보여준 것은 「바다 2」이다. 발랄하고 신선한 감각적 이미지를 구사한 「바다 2」의 첫 부분에서 파도치는 바다의 형상을 뿔뿔이 달아나려고 하는 "푸른 도마뱀 떼"로 이미지화하는 지용의 놀라운 언어감각을 엿볼 수 있다.[1] 물론 이 표현은 '꼬리'가 있기 때문에 생동감을 얻는 것이다. 여기서 멈추

1932년경 삼천리사(三千里社) 주최 문학좌담회를 마치고 종로2가 백합원(百合園)에서. 앞줄 왼쪽부터 최정희, 이선희, 노천명, 정지용, 뒷줄 왼쪽부터 김억, 이헌구, 이하윤, 김기림, 김동환

는 것이 아니라 "흰 발톱에 찢긴/산호보다 붉고 슬픈 생채기!" 또한 사물에 대한 깊은 통찰력을 발휘하지 않고서는 포착하기 어려운 표현이다.

  그러나 이렇게 발랄한 재기에서 끝나는 것이 아니라 이 시의 마지막 결구 "지구는 연잎인 양 오므라들고…… 펴고……" 같은 부분은 그의 전기 시가 단순한 회화성을 넘어서 동적인 율

---

1) 졸고, 「난삽한 지용 시의 "바다시편"의 해석」, 『디지털 문화와 생태시학』(문학동네, 2000), 152~171쪽 참조.

조까지 배려하여 감각적인 언어구사의 정수를 보여준다고 하 겠다.

3. 견인의 정신과 산수시

　1935년 첫 시집을 간행한 후 자신의 시적 위치를 확고히 하였음에도 불구하고 지용은 상당기간 침묵을 지키는데 이는 새로운 시적 변신을 위한 모색의 시간이었을 것이다. 이것을 필자는 감각에서 정신으로 나아가는 과정이며 '바다의 시편'에서 '산의 시편'으로 나아가는 자기 모색과 침잠의 시간이라고 본다. 시를 육화된 언어의 등가물로 인식한 것에는 변함이 없으나, 첫 시집 『정지용시집』의 상당수 시가 '바다'를 제재로 하는 반면, 제2시집 『백록담』의 수록 시들은 '산'의 심상에 경도되어 있기 때문이다. '바다'에서 '산'으로의 뚜렷한 변모를 보이는 정지용 시의 제재는 연속적인 흐름과 방향을 나타내기 때문에 그의 시적 변모를 해명할 수 있는 유력한 근거가 된다.
　1926년부터 1935년까지의 시, 곧 '바다의 시'가 언어의 기교를 위주로 하는 것임에 비해 산을 제재로 하는 1935년 이후 1941년까지의 시, 즉 "산의 시"에서는 정신성이 두드러진다. 특히 이 시기의 시는 동양적인 관조의 세계를 드러내면서 고요하고 단아한 정취를 자아낸다. 정지용의 시에서 산이나 자연은 단순한 공간적 배경에 그치는 것이 아니라 극기적 정신성을 함축한 대상이다. 금강산을 등반하고 씌어진 「옥류동」(『조광』 25호, 1937. 11), 「비로봉」(『청색』 2호, 1938. 8), 「구성동」(『청색』 2호, 1938. 8) 그리고 등산 체험이 바탕이 된 「장수산」(『문장』 2호, 1939. 2), 「백록담」(『문장』 3호, 1939. 4) 등은 이 시기 지용이 시에서 추구한 정신주의적 지향성을 짐작하게 한다.

골에 하늘이
따로 트이고,

폭포 소리 하잔히
봄우뢰를 울다.

날가지 겹겹이
모란 꽃잎 포기이는 듯.

자위돌아 사풋 질 듯
위태로이 솟은 봉오리들.

골이 속 속 접히어 들어

이내晴嵐가 새포롬 서그러거리는 숫도림.

꽃가루 묻힌 양 날아올라

나래 떠는 해.

-「옥류동」부분

「옥류동」은 정지용의 금강산 시편에서 가장 재기가 드러나는 시이다. 옥류동 계곡에 들어선 화자는 주변의 경관을 묘사하고 계곡 높이 떠오른 해를 "나래 떠는"이라고 표현하는데, 이는 옥류동 계곡이 그만큼 절경임을 말하고 있는 것이다. 옥류동에서 고개를 들어 보았을 때 주변의 산봉우리들의 빼어난 모습은 모란 꽃잎이 겹겹이 포개진 것처럼 묘사되며, 꽃가루 묻힌 양 날아오르는 해는 인간의 발길이 닿지 않는 태초의 신비로운 장관을 보여주고 있다. 지용이 금강산에서 보았던 자연 풍경들은 그대로 절대적인 일체감을 불러일으켜 그로 하여금 정신주의적인 확신을 갖게 하였다고 해도 과언이 아니다.

「옥류동」과 함께 지용의 금강산 시편을 대표하는 「구성동」은 이른바 강기(姜夔)가 말하는 "자연고묘(自然高妙)"의 경지에 이른 가작으로서 일반적인 서구적 개념의 풍경시를 뛰어넘어 "산수시"[2]라는 동양적 전통의 시세계를 집약적으로 드러내

---

[2] 졸고,「지용의 산수시와 은일의 정신」,『불확정시대의 문학』(문학과지성사, 1987), 11~43쪽 참조.

준다. 「향수」처럼 번다한 수사나 후렴구도 없는 이 시가 돋보이는 것은 미묘한 음영의 한 찰나를 절묘하게 포착하고 있기 때문이다. 특히 마지막 결구 "산그림자 설핏하면 / 사슴이 일어나 등을 넘어간다"에서 우리는 인간의 발길이 멈춘 곳에서 자연과 동물이 일체화되는 극적인 경계선을 감지할 수 있다. 이는 초기의 감각적 재기를 넘어서서 지용이 동양적 전통에 뿌리내린 시인으로 자신의 위치를 확고히 하는 계기가 된다.

 이러한 시적 탐구는 「장수산」, 「백록담」 등의 1930년대 후반의 시편에서도 계속되는데 이는 당시의 일제에 의한 시대적 압박을 극복하기 위한 방편이기도 했을 것이다. 「장수산」은 「구성동」에 이어 발표된 것으로 이 시기 지용의 시적 연속성을 확인할 수 있는 매개적인 작품이다. 1937년 4월 모더니스트 시인 이상이 동경(東京)에서 타계하고 1938년 4월 중등학교에서 조선어 시간이 폐지되는 동시에 조선육군지원병령이 시행되는 상황에서 당시 문단을 대표하는 시인이자 휘문학교 교사였던 정지용이 시대에 대응할 수 있는 길은 산수자연에 침잠하여 자신을 지키는 일이 거의 전부라고 하여도 과언이 아닐 것이다. 「장수산」을 지배하고 있는 것은 고요와 정적이다.[3] 역사의 시간이 멈추어버린 태고의 정적에서 현실을 초탈하는 자

---

[3] 졸고, 「장수산과 백록담의 세계」, 『현대시의 정신사』(열음사, 1985), 312~322쪽 참조.

신을 굳게 지키고자 하는 의지가 "시름은 바람도 일지 않는 고요에 심히 흔들리우노니 오오 견디랸다 차고 올연히 슬픔도 꿈도 없이 장수산 속 겨울 한밤내—"라는 마지막 결구에서 확연히 드러난다. 세상을 버리고 초연하게 살고 있는 "웃절 중"의 남긴 자취를 찾아 나선 화자가 오히려 환한 달밤 바람도 일지 않는 고요에 심히 흔들리는 시름을 가지고 있다는 것은 세상을 버리려고 해도 버리지 못하고 현실에 발붙이고 사는 자기 자신을 슬픔도 꿈도 없이 굳게 지키고 싶은 결의라고 하겠다.

지용의 이러한 세계에 대한 탐구는 뒤이어 발표된 「백록담」에서도 계속해서 나타난다.

> 가재도 긔지 않는 백록담白鹿潭 푸른 물에 하늘이 돈다. 불구不具에 가깝도록 고단한 나의 다리를 돌아 소가 갔다. 쫓겨 온 실구름 일말一抹에도 백록담白鹿潭은 흐리운다. 나의 얼굴에 한나절 포긴 백록담白鹿潭은 쓸쓸하다. 나는 깨다 졸다 기도祈禱조차 잊었더니라.
>
> —「백록담」 부분

「장수산」이 깊은 겨울밤의 세계라면 「백록담」은 명증한 물에 푸른 하늘이 비치는 여름 대낮의 세계이다. 불순물이 전혀 섞이지 않은 백록담 푸른 물은 실구름 일말에도 흐려질 만큼 명증하다. 화자는 이 맑은 물에 자기의 얼굴을 비추어본다. 그는 자신의 얼굴에 비친 백록담에 문득 쓸쓸함을 느낀다. 여기서 화자와 백록담은 서로를 비추면서 하나가 된다. 이 순간을 화자는 "나는 깨다 졸다 기도조차 잊었더니라"라고 표현한다. 겨울밤의 어둠 속에서 슬픔도 꿈도 없이 자신을 지키려는 화자가 자신의 얼굴에 비친 명증한 물에서 기도조차 잊은 무아의 한 지점에 도달했다는 것은 현실의 고뇌에 흔들리고 있는 자신을 극복하려는 시적 탐구라고 하지 않을 수 없다.

『백록담』 이후 2년여의 침묵을 지키던 정지용은 1941년 1월 「조찬」, 「비」, 「인동차」 등의 신작시 10편을 발표하고 같은 해 9월 제2시집 『백록담』을 간행하게 된다. 『백록담』은 모두 1935년 이후에 발표한 시편을 묶은 것으로서, 문사로서 일제에 협력하지 않고 자신을 지키려는 정신주의적 견인의 세계를 탐구한 것이라고 하겠다.

『백록담』에 수록된 대부분의 작품들은 형식적으로는 산문성을 시도하면서 내용적으로는 앞에 인용한 것처럼 동양적 정신의 구경(究竟)을 추구한다. 그것은 세속을 버리고 산수자연에 은거하면서 은일의 정신을 추구한 동양적 산수시의 세계이며 인간과 자연이 구극의 경지에서 일체화하는 자족의 세계일 것이다. 이는 또한 초기의 감각적인 서정시로부터 벗어나, 파국으로 치닫던 식민지 질서의 파행성에 영합하지 않고 이를 극복하

1947년 문인들과 함께. 아랫줄 왼쪽부터 정인택, 정지용, 심언정, 조풍연, 김용준, 박태원

고자 하는 정신적인 견인의 고투를 함축한 것으로 볼 수 있다.

정지용의 시는 여러 차례 변모를 겪으면서도 일관되게 언어의 기능성을 최대한도로 실현해 보였으며 그는 감성의 지적인 표출에 있어 현대시의 선두주자로서 새로운 경지를 개척해 놓았다. 그가 추구한 시와 언어의 육화라는 목표는 이후 20세기 한국 현대시의 한 지향점이 되어왔다.

4. 정지용의 문학사적 의미

1941년 시집 『백록담』을 간행한 이후 시대적 압박은 더욱 가중되었으며 1941년 12월 하와이 진주만 공습을 계기로 시작된 태평양전쟁이 1945년 8월 일본의 무조건 항복으로 끝맺을 때까지 정지용은 절필에 가까운 은둔의 시기를 보내게 된다. 1945년 일제로부터 해방되자 정지용은 식민지시대를 청산하려는 듯 이전에 간행한 두 권의 시집에서 25편의 시를 선별하여 1946년 『지용시선』을 간행하였다. 이는 지용의 시적 업적을 한 권에 집약하였다는 점에서 그리고 해방 공간의 혼돈 속에서 순수 서정시의 나아갈 바를 밝혀주었다는 점에서 기념비적이다. 이와 더불어 정지용 자신이 문단에 추천한 조지훈·박두진·박목월 3인의 합동시집 『청록집』과 거의 동시에 그의 자선시집이 간행되었다는 점도 간과할 수 없는 일이다. 아마도 혼돈의 시기에 순수 서정의 정통성을 확립하고자 한 지용의 숨은 뜻이 여기에 담겨 있는지도 모른다.

모두 6부로 구성된 『지용시선』은 제1부에서 4부까지 『정지용시집』에서 선한 14편과 제5부와 6부에 『백록담』에서 선한 11편을 합해 25편을 수록하였다. 특징적인 것은 초기의 실험적인 작품이 대부분 제외된 반면에 제4부에 가톨릭 체험을 소재로 한 신앙시편 5편 모두를 수록하였다는 점이다. 아마도 신

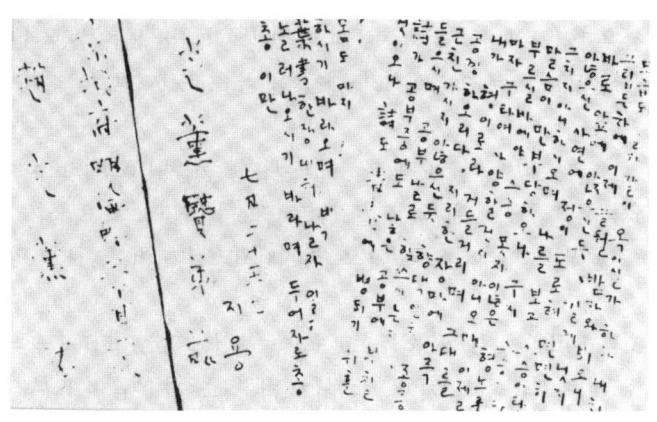

정지용이 조지훈에게 보낸 편지

앙시편이 그 자신의 정신적인 구심점이었다는 점에서 그 중요성을 강조한 선택이라고 여겨진다. 오늘의 관점에서 보아도 정지용 시의 전모를 파악하는 데 크게 무리 없는 선정이지만 후일 명편으로 평가되는 「바다 2」, 「구성동」, 「비」 등이 제외된 것은 해방 직후의 혼란의 와중에서 감각적 새로움보다는 자기 체험의 구체성과 자신의 심적 안정을 주안으로 선한 것으로 판단된다.

지용이 『지용시선』을 간행한 이후 역사의 격동은 더욱 가열되어 민족적 열망에도 불구하고 자주적으로 통일민족국가를 수립할 수 없게 되었으며 한반도는 남과 북으로 분단되었다. 그 결과 1950년 6월 한국전쟁이 발발하였고 그로 인해 지용은 납북되었다. 1988년 납·월북작가에 대한 정부당국의 해금조치가 있을 때까지 40여 년간 지용은 공식적으로 한국문단에서 자취를 감추게 되었으니 실로 민족의 비극이자 문학의 비극이요 인간의 비극이라고 할 것이다. 20세기 최고의 시인 가운데 한 사람으로 지칭되는 정지용이 본격적으로 연구되고 일반 독자에게도 다시 읽히기 시작한 것은 1988년 해금조치 이후의 일이다. 민족분단으로 인해 문학도 분단되어 있었던 것이다.

  2002년 5월 11일 지용의 고향 옥천에서 거행된 정지용 탄생 100주년 문학포럼에서 유종호는 지용의 시사적 의미를 다음과 같이 평했다.

  1920년대에 출중한 시편을 보여주면서 1935년에 처녀시집을 상자했고, 1941년에 분명히 시인으로서의 성숙을 보여주는 제2시집을 간행한 정지용에 와서 비로소 우리는 20세기 최초의 직업적 전문적 시인을 보게 된다는 것이 필자의 소견이다. 이러한 판단은 작품의 성취도나 어느 정도의 작품적 균질감이나 20년에 걸친 지속적인 정진과 관련되지만 무엇보다 시가 언어예술이라는 사실을 열렬히 자각했다는 사실과 관련된 것이다.(……)[4]

---

[4] 유종호, 「정지용의 당대수용과 비판」, 『문학포럼 - 정지용시인 탄생 100주년 기념』(옥천군 옥천문화원·지용회, 2002. 5), 14쪽.

이러한 문학사적 평가는 지용이 문학사에서 사라져버렸을 때 누구보다 앞장서서 1960년대부터 그 시적 가치와 중요성을 설파한 유종호의 남다른 시각이 돋보이는 지적이다. 20세기 최초의 직업적 전문시인으로서 지용의 문학사적 의미가 단절되지 않고 지속될 수 있었던 것은 유종호를 비롯한 많은 문학적 지지자들이 뒷받침하고 있었기 때문일 것이다. 필자 또한 같은 포럼에서 정지용의 문학사적 의미를 다음과 같이 요약한 바 있다.

탄신 백주년을 맞아 정지용의 문학사적 의미를 돌이켜보니 그가 한국 현대시의 아버지라는 말을 새삼 음미하게 된다. 그 이유는 지금까지 거론한 바대로 성정의 미학에 근거하여 한국 현대시를 주체적으로 환골탈태시켰다는 것이 그 첫째요, 다음으로는 이상의 시를 『카톨릭청년』에 소개하고, 조지훈·박두진·박목월을 『문장』지를 통해 추천하였으며, 해방 후 윤동주의 저항시를 『경향신문』에 소개하고 유고 시집 『하늘과 바람과 별과 시』를 간행하는 데 주도적 역할을 하였다는 점이다. 이상의 서구적 근대 감각, 조지훈·박두진·박목월 등의 청록파 시인들의 전통적 서정의 감각, 그리고 윤동주가 지향한 저항시적 감각 등의 다양한 시적 감각들이 우리 시문학사에 주류적 흐름으로 자리매김하는 데 공헌하였다는 점에서 정지용은 가히 한국 현대시사의 결정적인 이정표가 된다.5)

이러한 시각은 세 가지로 집약된다. 하나는 현대시의 주체적

『문장』(1941. 1)에 실린 길진섭 화백의
정지용 캐리커처

전통의 현대적 혁신이 그
것이요, 다음으로는 서구
적 감각과 전통 서정시의
감각을 되살려 현대시를
풍요롭게 하였다는 것이
며, 마지막으로 일제의 감
옥에서 순절한 윤동주를
시단에 부활시킴으로써 식
민치하의 저항시의 문학사
적 의미를 되새겨놓았다는
것이다.

  앞으로 정지용보다 더 화
려한 언어를 구사할 수 있는 시인은 출현할 수 있다. 그러나
정지용이 20세기 한국 현대시사에 미친 것과 같이 깊고 넓은
문학사적 의미를 갖는 시인은 쉽게 탄생하기 어려울 것이다.
정지용 이전에 이미 김소월과 한용운이 있었다고 하겠지만 이
들은 정지용만큼 투명한 눈으로 사물을 투시하여 감각적 언어
로 묘사하는 동시에 향토적인 어휘를 구사한 시인들은 아니었
으며, 지용 시에 이르러 한국어는 모국어로서 민족언어의 완성

---

5) 졸고, 「정지용의 산수시와 성정의 시학」, 『문학포럼 – 정지용 시인 탄생 100
주년 기념』(옥천군 옥천문화원 · 지용회, 2002. 5), 60쪽.

을 위한 첫발을 내디뎠다고 해도 과언은 아니다. 20세기가 전반의 식민지시대 그리고 후반의 분단시대를 살아야 했던 까닭에 한국인들 그중에서도 특히 지용이 겪어야 했던 인간적 고뇌와 비극은 남다른 것이었다. 그러나 그가 차지한 문학적 위엄은 그가 윤동주를 논하면서 말한 '약육강골(弱肉强骨)'의 것으로 우리 문학사에 영원히 기록될 것이다.

이 점에서 식민지시대의 압박과 분단의 비극을 한 몸에 져야 했던 그의 험난한 인생도정은 그 개인에게 인간적으로는 안타까운 일임에 틀림없으나 그의 문학적 불멸성을 위해서는 오히려 다행한 일이었다고 해도 지나친 말은 아닐 것이다. 2006년 『지용시선』이 간행된 지 60년 만에 다시 복간되는 것은 지용이 추구했던 순수서정시의 부활을 예고하는 하나의 징표이자 그의 문학을 위한 위대한 축복이다.

* 고려대학교 국어국문학과와 동대학원을 졸업했다. 1976년 시집 『황사바람』을 펴내며 작품 활동을 시작했고, 1979년 『중앙일보』 신춘문예 평론 부문에 당선되었다. 저서로는 시집 『아침책상』, 『딱따구리는 어디에 숨어 있는가』, 『공놀이하는 달마』, 시론집 『현대시의 정신사』, 『불확정시대의 문학』, 『한국현대시의 의식현상학적 연구』, 『평정의 시학을 위하여』, 『삶의 깊이와 시적 상상』, 『하나의 도에 이르는 시학』, 『시읽기의 즐거움』, 『현대시사의 감각』, 『인터넷시대의 시창작론』, 『진흙천국의 시적 주술』, 편저로 『새로운 비평논리를 찾아서』, 『남북한 현대문학사』, 『현대시 창작법』, 『소설어사전』(공편), 『정지용사전』, 『시를 어떻게 만날 것인가』(공편) 등이 있다. 현재 고려대학교 국어국문학과 교수로 있다.

── 乙酉文化社 刊行書 ──

朴木月 ☆ 趙芝薰
朴斗鎭 ☆ 三人詩集

靑鹿集

令瑢 裝幀・菊版一二
○頁・極上印刷紙使用
定價三〇圓・送料二圓

純粹詩에 遇遇하는 新銳三人의 力作三十九篇 節操를 지키며 默默 詩作에 精進하다가、解放과 함께 彗星과 같이 登場하다。特히 未發表 作品을 추려 收錄、驚異的 收穫임을 우리는 自信있이 誇示한다。

李珏卿 講述
李萬珪 揮毫

새시대가정여성훈

金基昶裝幀・四六倍判
上質木造紙・을젤印刷
定價二〇圓・送料二圓

朝鮮女性이 解放되는 길은 어떤 길인가、새 時代에 家政을 다스리고、子女를 敎育하고 總히 父母를 섬기고 婦德을 涵養하며 한걸음 나아 가、新朝鮮建設에 獻身하는 길은 어떤 길인가、 이 한卷으로 그 길이 트일것이다。그리고 讀 者는 아름다운 우리 한글 글씨체를 아울러 익 힐 機會를 가질것이다。

梁柱東 著
麗謠箋註

孫晋泰 著
朝鮮史槪論

近刊

著者 鄭　芝　溶

發行所 乙酉文化社
　　　　서울鐘路・永保빌딍
　　　　電話光化門三四九二

臨時定價 貳拾圓

1

琉璃窓(六)

蘭草(八)

촛불과 손(一〇)

2

海峽(一二)

柘榴(一六)

發熱(一八)

鄕愁(二〇)

3

春雪(二二)

故鄕(二四)

玉流洞(五〇)

忍冬茶(五二)

瀑布(五八)

4

不死鳥(六一)

나무(六三)

다른 한늘(六六)

또하나 다른 太陽(三八)

臨終(四〇)

5

長壽山 1(四四)

長壽山 2(四六)

白鹿潭(四八)

6

老人과 꽃(七二)

진달래(六四)

꽃과 벗(六八)

피리터와 菊花(七〇)

目次

라지는것이었다.

피피리는 우는 제철이 있다.

이제 季節이 아주 바뀌고보니 피피리는커니와 며누리새도 울지 않

고 산비둘기만 극성스러워진다.

꽃도 잎도 이울고 지고 산국화도 마지막 슬어지니 솔소리가 억세

어간다.

피피리가 우는 철이 다시 오고보면 長城 벗을 다시 부르겠거니와 아

주 이우러진 이 季節을 무엇으로 기울것인가.

동저고리바람에 마고자를 포개어 입고 銀단추를 달리라.

꽃도 朝鮮黃菊은 그것이 꽃 중에는 새듬의 피피리와 같은것이다. 내

가 이제로 黃菊을 보고 醉하리로다.

요령게 푸를 수가 있는것일가.

손 끝으로 이깨어 보면 아깝게도 곱게 푸른 물이 들지 않던가. 밤에

는 반디ㅅ불이 불을 켜고 푸른 꽃잎에 오모라불는것이었다.

한번은 닭이풀꽃을 모아 잉크를 만들어가지고 친구들한테 편지를

書 같이 써 불이었다. 무엇보다도 피끄리가 바로 앞 남에서 운다는

말을 알리었더니 安岳 친구는 굉장한 치하 편지를 보냈고 長城 벗은 겸

사겸사 멀리도 집알이를 올라왔었던것이다.

그날사 말고 새침하고 피끄리가 울지 않었다. 맥주거품도 피끄리 울음

을 기달리는듯 고요히 이는데 長城벗은 웃기만 하였다.

붓대를 희롱하는 사람은 가끔 이러한 섭섭한 노릇을 당한다.

멀리 연기와 진애를 걸려오는 사이렌 소리가 싫지 않게 곱게 와 사

너 하는가.

삐끔채꽃, 엉겅퀴송이, 그러한것이 모두 내게는 끔찍한것이다. 그 밑에 앉고보면 나의 몸둥아리, 마음, 얼 할것 없이 호탕하게도 꾸미어지는 것이다.

사치스럽게 꾸민 방해 들 맛도 없으려니와, 나이 三十이 넘어 애인이 없을 사람도 삐끔채 자주꽃 피는데면 내가 실컷 살겠다.

바람이 자면 노오란 보리밭이 후끈하고 송진이 고혀오르고 뻐꾸기가 서로 불렀다.

아침 이슬을 흘으며 언덕에 오를때 대소롭지 안히 흔한 달기풀꽃이라도 하나 엽수히 여길수 없는것을 보았다. 이렇게 적고 푸르고 이쁜 꽃이었던가 새삼스럽게 놀라웠다.

이 敗殘한 후에 고요히 오는 慰安, 그러한것을 느끼기에 족한 솔소리, 솔소리로만 하더라도 문밖으로 나온 값은 칠수 밖에 없다. 동저고리바람을 누가 탓할이도 없으려니와 동저고리바람에 따르는 훗훗하고 가볍고 自然과 사람에 향하야 아양떨고싶기까지한 야릇한 情緖, 그러한것을 나는 비로소 알어내였다. 팔을 걷기도 한다. 그러나 주먹은 잔뜩 쥐고 있어야할 理由가 하나도 없고 그 많이도 흥을 잡히는 입을 벌리는 버릇도 동저고리 바람엔 조금 벌려두는것이 한층 편하고 수얼하기도 하다. 무릎을 세우고 안으로 깍지를 끼고 그대로 아모데라도 앉을수 있다。그대로 한나잘 앉었기토소니 나의 게으른 탓이 될수 없다。머리우에 구름이 잘로 피명 지명 하고 골에 약물이 사철 솟아 주지 아

산비둘기도 모이를 찾아 마을 어구까지 내려오고, 시어머니 진지상

나수어다 놓고선 몰래 동산 밤나무 가지에 목을 매어 죽었다는 머

누리의 넋이 새가 되었다는 머누리새도 울고 하는것이었다.

머누리새는 외진곳에서 숨어서 운다. 밤나무 꽃이 눈 같이 흴무렵

아침 저녁 밥상 받을 때 유심히도 극성스럽게 우는 새다. 실큿하게

도 슬픈 울음에 정말 목을 매는 소리도 끝을 맺는다.

머누리새의 내력을 알기는 내가 열 세살적이었다.

지금도 그 소리를 들으면 열 세살적 외롬과 슬픔과 무섬탐이 다시 일

기에 머누리새가 우는 외진곳에 가다가 발길을 돌이킨다.

나라 세력으로 자란 솔들이라 고시란히 서있을수 밖에 없으려니와

바람에 솔소리처럼 안윽하고 서럽고 즐겁고 편한 소리는 없다. 오롯

이삿짐 옮겨다 놓고 한밤 자고난 바로 이튿날 해ㅅ살바른 아침, 자리에서 일기도 전에 기와ㅅ골이 玉인듯 짜르르 짜르르 울리는 신기한 소리에 놀랐다.

피피리가 바로 앞 나무에서 우는것이었다.

나는 뛰어나갔다.

적어도 우리집 사람쯤은 부지깽이를 놓고 나오던지 든채로 황황히 나오던지 해야 피피리가 바로 앞 나무에서 운 보람이 설것이겠는데 세상에 사람들이 이렇다시도 무딜 줄이 있으랴.

저녁때 한가한 틈을 타서 마을 둘레를 거니노라니 피피리뿐이 아니라 까토리가 풀섶에서 푸드득 날러갔다 했더니 장끼가 산이 쩌르렁 하도록 우는것이다.

피꼬리와 菊花

물오른 봄버들가지를 꺾어 들고 들어가도 문안사람들은 부러워하는데

나는 서울서 피꼬리 소리를 들으며 살게 되었다.

새문밖 감영 앞에서 전차를 내려 한 십분쯤 걷는 터에 피꼬리가 우

는 동네가 있다니깐 별로 놀라워하지 않을뿐 외라 치하하는이도 적다.

바로 이 동네 人士들도 매찬에 시세가 얼마며 한평에 얼마 오르고

나린것이 큰 關心 스거리지 나의 피꼬리 이야기에 어울리는이가 적다.

의젓한 詩人 포올 클로오델은 모란 한떨기 만나기 위하야 이렇듯 멀리 왔더라니, 제자위에 붉은 한송이 꽃이 心性의 天眞과 서로의 지하며 슬기기에는 바다를 몇씩 건너어 온다느니보담 美玉과 같이 琢磨된 春秋를 지니어야 할가 합니다.

실상 靑春은 꽃을. 그다지 사랑할배도 없을것이며 다만 하늘의 별, 물속의 진주, 마음속에 사랑을 表情하기 위하야 꽃을 꺾고 꽃고 선 사하고 찢고 하였을뿐이 아니었읍니까。이도 또한 老年의 智慧와 法悅을 위하야 靑春이 지나지 아니치 못할 煉獄과 試鍊이기도 하였읍니다。

嗚呼 老年과 꽃이 서로 비추고 밝은 그 어느날 나의 나룻도 눈과 같이 희여지이다 하노니 나머지 靑春에 다시 설레나이다.

歲後에 起居하시던 窓戶가 닫히고 뜰 앞에 손수 심으신 꽃이 爛漫할 때 우리는 거기서 슬퍼하겠나이다. 그 꽃을 어찌 즐길수가 있으리까. 꽃과 주검을 실로 슬퍼할자는 青春이요 老年의 것이 아닐가 합니다. 奔放히 뛰는 情炎이 식고 豪華롭고도 훗훗한 부끄럼과 건질수 없는 괴롬으로 繡놓은 青春의 웃옷을 벗은 뒤에 오는 清秀하고 孤高하고 幽閑하고 頑强하기 鶴과 같은 老年의 德으로서 어찌 주검과 꽃을 슬퍼하겠읍니까. 그러기에 꽃이 아름다움을 실로 볼수 있기는 老境에서 일가 합니다.

멀리 멀리 나— 따 끝으로서 오기는 初瀨寺의 白牧丹 그중 一點 淡紅빛을 보기 위하야.

나히 耳順을 넘어 오이려 女色을 갈르는 이도 있거니 실로 陋하
기 그지없는 일이옵니다。 빛갈에 醉할수 있음은 빛이 어느 빛일넌지
靑春에 말길것일넌지도 모르겠으나 衰年에 오로지 꽃을 사랑하심을 뵈
오니 거륵하시게도 정정하시옵니다。
봄비를 맞으시며 심으신것이 언제 바람과 해ㅅ빛이 더워오면 꽃은
꽃봉오리가 燭불혀듯 할것을 보실것이매 그만치 老來의 한 季節이 헛
되히 지나지 않은것이옵니다。
老人의 枯淡한 그늘에 어린 子孫이 戱戱하며 꽃이 피고 나무와 벌
이 날며 닝닝거린다는 것은 餘年과 骸骨을 裝飾하기에 이렇듯 華麗한
일이 없을듯 하옵니다。
해마다 꽃은 한 꽃이로되 사람은 해마다 다르도다。만일 老人 百

老人과 꽃

老人이 꽃나무를 심으심은 무슨 보람을 위하심이오니까. 등이 곱으시고 숨이 차신데도 그래도 꽃을 가꾸시는 양을 뵈오니. 손수 공들이신 가지에 붉고 빛나는 꽃이 맺으리라고 생각하오니. 희고 희신 나룻이나 주름살이 도리어 꽃답도소이다.

6

駱駝힐 캐트에
구기인채
벗은 이내 나비 같이 잠들고,

높이 구름 위에 올라,

나릇이 잡힌 벗이 도리어

안해 같이 여쁘기에,

눈 뜨고 지키기 싫지 않었다.

짐승이 버리고 간 石窟을 찾어들어,
우리는 떨며 주림을 의논하였다.

白樺 가지 건너
짙푸르러 찡그린 먼 물에 오르자,
꼬아리 같이 붉은 해가 잠기고,

이제 별과 꽃 사이
같이 끊어진 곳에
불을 피고 누었다.

물소리 끊인 곳、

흰돌 이마에 회돌아 서는 다람쥐 꼬리로

가을이 길음을 보았고、

가까운듯 瀑布가 하잔히 울고、

멩아리 소리 속에

돌아져 오는

벗의 불음이 더욱 孤았다。

— 삽시 掩襲해 오는

비ㅅ낯을 피하야、

일곱 결음 안에
벗은、呼吸이 모자라
바위 잡고 쉬며 쉬며 오를제、
山꽃을 따、
나의 머리며 옷깃을 꾸미기에、
오이려 바빴다.

나는 蕃人처럼 붉은 꽃을 쓰고、
弱하야 다시 威嚴스런 벗을
山길에 따르기 한결 즐거웠다.

꽃과 벗

石壁 깎아지른
안돌이 지돌이,
한나잘 거고 돌았기
이제 다시 아슬아슬 하고나.

한 돌을 드니 白樺가지 위에 허도 푸른 하늘 …… 포르르 풀매 …
… 온 산중 紅葉이 수런 수런 거린다 아래ㅅ절 불켜저 않은 장
방에 들어 목침을 달쿠어 발바닥 피아리를 슴슴 지지며 그제사
범의 욕을 그놈 저놈 하고 이내 누었다 바로 머리 말에 물소
려 흘리며 어늬 한곬으로 빠져 나가다가 난데없는 철아닌 진달
래꽃 사태를 만나 나는 萬身을 붉히고 서다.

진달래

한골에서 비를 보고
한골에서 바람을 보다
한골에 그늘 딴골
에 양지 따로 따로 갈어 밟다
무지개 해ㅅ살에 빗걸린 골
雜木수풀 누릇
山벌떼 두룸박 지어 위잉 위잉 두르는 골
붉웃 어우러진 속에 감초혀 낮잠 듭신 칙범 냄새 가장 자리를 돌
아 어마 어마 기어 살어 나온 골 上峯에 올라 별보다 깨끗

소리 유달리 뚝닥거리는 落葉 벗은 山莊 밤 窓유리까지에 구

름이 드뉘니 후두 두 두 落水 짓는 소리 크기 손바닥만한

어인 나비가 따악 붙어 드려다 본다 가엽서라 열지 않는 窓

주먹쥐어 징징 치니 날을 氣息도 없이 壁이 도리어 날개와 떤

다 海拔 五千呎 우에 떠도는 한조각 비맞은 幻想 呼吸하노

라 서툴리 붙어있는 이 自在畵 한幅은 활 활 불피어 담기어 있는

이상스런 季節이 몹시 부러웁다 날개가 찢어진채 검은 눈을 잔

나비처럼 뜨지나 않을가 무섭어라 구름이 다시 유리에 바위처

럼 부서지며 별도 휩쓸려 내려가 山아래 어는 마을 우에 총총

하뇨 白樺숲 희부옇게 어정거리는 絶頂 부유스름하기 黃昏

같은 밤.

나 비

시기지 않은 일이 서둘러 하고싶기에 暖爐에 싱싱한 물푸레 갈어

지피고 燈皮 호호 닦어 끼우어 심지 튀기니 불꽃이 새

록 돋다

미리 떼고 결고보니 칼렌다 이른날 날짜가 미리

붉다 이제 차즘 밟고 넘을 다함쳐 등솔기 같이 구브레

벋어나갈 連峯 山脈길 우에 아슬한 가을 하늘이여 秒針

하인리히 하이네ㅅ적부터
둥그란 오오 나의 太陽도
겨우 끼리끼리의 발굼치를
조롱 조롱 한나잘 따라왔다。
산간에 폭포수는 암만해도 무서워서
거염 거염 기며 나린다。

심심 산천에 고사리ㅅ밥
모조리 졸리운 날

송화ㅅ가루
놀랍게 날리네.

山水 따라온 新婚 한쌍
앵두 같이 상긔했다.

돌뿌리 뾰죽뾰죽 무척 고브라진 길이
아기자기 좋아라 왔지!

가재가 기는 골작

죄그만 하늘이 가깝했다.

갑자기 호습어질라니

마음 조일 밖에.

앙징스레도 할퀸다.

흰 발톱 갈갈이

어쨌던 너무 재재거린다.

나려질리자 쭐벳 물도 단번에 감수했다.

瀑 布

산ㅅ골에서 자란 물도
돌베랑빡 낭떨어지에서 겁이 났다.
눈ㅅ뎅이 옆에서 졸다가
꽃나무 알로 우정 돌아

구석에 그늘 지어
무가 순돋아 파릇 하고,
흙냄새 훈훈히 김도 사리다가
바깥 風雪소리에 잠착하다.
山中에 冊曆도 없이
三冬이 하이얗다.

忍冬茶

老主人의 腸壁에
無時로 忍冬 삼긴 물이 나린다.

자작나무 덩그럭 불이
도루 피어 붉고,

닥아 스미는 향기에
길초마다 옷깃이 매워라.

귀또리도
흠식 한양
음짓
아니 건다.

보라빛 해ㅅ살이
輻지어 빗겨 걸치이매,

기슭에 藥草들의
소란한 呼吸!

들새도 날러들지 않고
神秘가 한곳 저자 선 한 낮.

물도 젖여지지 않어
흰 돌 우에 따로 구르고,

날가져 겹겹히
모란꽃잎 포기어는듯.

자위 돌아 사뭇 질ㅅ듯
위태로히 솟은 봉오리들.

골이 속 속 접히어 들어
이내(晴嵐)가 새포롬 서그러거리는 숫도림.

꽃가루 묻힌양 날러올라
나래 떠는 해.

玉流洞

골에 하늘이
따로 트이고,

瀑布 소리 하잔히
봄우뢰를 울다.

아롱점말이 避하지 않는다.

8

고비 고사리 더덕순 도라지꽃 취 사갓나물 대풀 石茸 별과 같은 방울을 달은 高山植物을 색이며 醉하며 자며 한다. 白鹿潭 조찰한 물을 그리어 山脈 우에서 짓는, 行列이 구름보다 壯嚴하다. 소나기 한 낫 맞으며 무지개에 말리우며 궁둥이에 풋물 익여 붙인채로 살이 붓는다.

9

가재도 기지 않는 白鹿潭 푸른 물에 하늘이 돈다. 不具에 가깝도록 고단한 나의 다리를 돌아 소가 갔다. 쫓겨온 실구름 一抹에도 白鹿潭은 흐리운다. 나의 얼굴에 한나잘 포긴 白鹿潭은 쓸쓸하다. 나는 깨다 졸다 祈禱조차 잊었더니라.

따르다가 이내 헤여진다.

6

첫새끼를 낳노라고 암소가 몹시 혼이 났다. 엉겁결에 山길 百里를 돌
아 西歸浦로 달아났다. 풀도 마르기 전에 어미를 여힌 송아지는 음
매애 움매애 울었다. 말을 보고도 登山客을 보고도 마고 매여달렀다.
우리 새끼들도 毛色이 다른 어미한테 말걸것을 나는 울었다.

7

風蘭이 풍기는 香氣, 피꼬리 서로 부르는 소리, 濟州 회파람새 회파
람 부는 소리, 돌에 물이 따로 구르는 소리, 먼 데서 바다가 구길때
와아와아 솔소리, 물푸레 동백 떡갈나무숙에서 나는 길을 잘못 들었
다가 다시 축넌출 기여간 흰돌바기 고부랑길로 나섰다. 문득 마조친

2

嚴古蘭 丸藥 같이 어여쁜 열매로 목을 추기고 살아 일어섰다。

3

白樺 옆에서 白樺가 髑髏가 되기까지 산다。 내가 죽어 白樺처럼 흴 것이 숭없지 않다。

4

鬼神도 쓸쓸하여 살지 않는 한모롱이, 도채비꽃이 낮에도 혼자 무서워 파랗게 질린다。

5

바야흐로 海拔六千呎 위에서 마소가 사람을 대수롭게 아니여기고 산다。 말이 말끼리, 소가 소끼리 망아지가 어미소를, 송아지가 어미말을,

白鹿潭

1

絕頂에 가까울수록 뻑국채 꽃 키가 점점 消耗된다. 한마루 오르면 허리가 숨어지고 다시 한마루 우에서 목아지가 없고 나종에는 얼굴만 갸옷 내다본다. 花紋처럼 版박힌다. 바람이 차기가 咸鏡道 끝과 맞서는 데서 뻑국채 키는 아주 없어지고도 八月 한철엔 흩어진 星辰처럼 爛漫하다. 山그림자 어둑어둑하면 그러지 않어도 뻑국채 꽃밭에서 별들이 켜든다. 제자리에서 별이 옮긴다. 나는 여기서 기진했다.

흰 시울이 눌리워 숨쉬는다   온 산중 나려앉는 획진 시울들이
다치지 안히!   나도 내더져 앉다   일찌기 진달래꽃 그림자에
붉었던   絶壁 보이한 자리 우에!

長壽山 2

풀도 떨지 않는 돌산이오 돌도 한덩이로 열두골을 고비고
비 돌앉세라 찬 하늘이 골마다 따로 씨우었고 얼음이
굳이 얼어 드딤돌이 믿음즉 하이 꽝이 거고 곰이 밟은 자
옥에 나의 발도 놓이노니 물소리 귀또리처럼 喞喞하놋다 피
락 마락 하는 해ㅅ살에 눈우에 눈이 가리어 앉다 흰 시울 아래

히눈은 사나이의 남긴 내음새를 줏는다? 시름은 바람도 일지 않는
고요에 심히 흔들리우노니 오오 견듸란다 차고 兀然히 슬픔
도 꿈도 없이 長壽山속 겨울 한밤내——

長壽山 1

伐木丁丁 이랬거니 아람도리 큰솔이 베혀짐즉도 하이 골이 울

어 멩아리 소리 쩌르렁 돌아옴즉도 하이 다람쥐도 좃지 않고

뫼 ㅅ새도 울지 않어 깊은산 고요가 차라리 뼈를 저리우는데 눈과

달도 보름을 기달려 흰 듯은 한밤 이골을 걸

밤이 조히보담 히고녀!

웃절 중이 여섯판에 여섯번 지고 웃고 올라간 뒤

조찰 음이란다?

5

달고 달으신 聖母의 일홈 부르기에

나의 입술을 타게 하라.

聖母就潔禮 미사때 쓰고 남은 黃燭불!

담머리에 숙인 해바라기꽃과 함께
다른 세상의 太陽을 사모하며 돌으라.

나의 영혼에 七色의 무지개를 심으시라.

聖主 예수의 쓰신 圓光!

永遠한 나그내ㅅ길 路資로 오시는

나의 평생이오 나종인 괴롬!

사랑의 白金도가니에 불이 되라.

臨 終

나의 임종하는 밤은
귀뚜리 하나도 울지 말라.

나종 죄를 들으신 神父는
거룩한 産婆처럼 나의 靈魂을 갈르시라.

이제 太陽을 금시 잃어버린다 하가로
그래도 그리 놀라울리 없다。

실상 나는 또 하나 다른 太陽으로 살었다。

사랑을 위하얀 입맛도 잃는다。

외로운 사슴처럼 벙어리 되어 山길에 설지라도

오오, 나의 幸福은 나의 聖母마리아!

또 하나 다른 太陽

온 고을이 받들만한
薔薇 한가지가 솟아난다 하기로
그래도 나는 고아 아니하련다。

나는 나의 나히와 별과 바람에도 疲勞웁다。

머리 가지지 않었던 세상이어니

이제 새삼 기다리지 않으련다.

靈魂은 불과 사랑으로! 육신은 한날 괴로움.

보이는 하늘은 나의 무덤을 덮을뿐.

그의 옷자락이 나의 五官에 사모치지 않었으나

그의 그늘로 나의 다른 하늘을 삼으리라.

다른 하늘

그의 모습이 눈에 보이지 않었으나
그의 안에서 나의 呼吸이 절로 달도다.

물과 聖神으로 다시 낳은 이후
나의 날은 날로 새로운 太陽이로세!

뭇 사람과 소란한 世代에서
그가 다만 내게 하신 일을 지니리라!

나의 적은 年輪으로 이스라엘의 二千年을 헤였노라.

나의 存在는 宇宙의 한낱 焦燥한 汚點이었도다.

목마른 사슴이 샘을 찾어 입을 잠그듯이

이제 그리스도의 못박히신 발의 聖血에 이마를 적시며——

오오! 新約의 太陽을 한아름 안으다.

나무

얼굴이 바로 푸른 하늘을 우러렀기에
발이 항시 검은 흙을 향하기 욕되지 않도다.

곡식알이 거꾸로 떨어져도 싹은 반듯이 위로!
어느 모양으로 심기어졌더뇨? 이상스런 나무 나의 몸이여!

오오 알맞은 位置! 좋은 위아래!
아담의 슬픈 遺産도 그대로 받었노라.

너는 짐짓 나의 心臟을 차지하였더뇨?

悲哀! 오오 나의 新婦! 너를 위하야 나의 窓과 웃음을 닫었노라

이제 나의 靑春이 다한 어느날 너는 죽었도다.

그러나 너를 묻은 아무 石門도 보지 못하였노라。

스사로 불탄 자리에서 나래를 펴는

오오 悲哀! 너의 不死鳥 나의 눈물이여!

不死鳥

悲哀! 너는 모양할수도 없도다.

너는 나의 가장 안에서 살었도다.

너는 박힌 화살 날지 않는 새.

나는 너의 슬픈 울음과 아픈 몸짓을 지니노라.

너를 돌려 보낼 아무 이웃도 찾지 못하였노라.

은밀히 이르노니― 「幸福」이 너를 아조 싫여하더라.

4

오늘도 메끝에 홀로 오르니
흰점 꽃이 인정스레 웃고,
어린 시절에 불던 풀피리 소리 아니나고
메마른 입술에 쓰디 쓰다.

고향에 고향에 돌아와도
그리던 하늘만이 높푸르구나.

故鄕

고향에 고향에 돌아와도
그리던 고향은 아니러뇨.

산꿩이 알을 품고
뻐꾹이 제철에 울건만,

마음은 제고향 지니지 않고
머언 港口로 떠도는 구름.

얼음 금가고 바람 새로 따르거니

흰 옷고름 절로 향기롭어라.

웅승거리고 살어난 양이

아아 꿈 같기에 설어라.

미나리 파릇한 새순 돋고

움짓 아니 거던 고기입이 오물거리는,

꽃 피기전 철아닌 눈에

핫옷 벗고 도루 칩고싶어라.

春雪

문 열자 선뜻!
먼 산이 이마에 차라.

雨水節 들어
바로 초하로 아침,

새삼스레 눈이 덮힌 뫼뿌리와
서늘옵고 빛난 이마받이 하다.

3

알수도 없는 모래성으로 발을 옮기고,

서리 까마귀 우지짖고 지나가는 초라한 집웅,

흐릿한 불빛에 돌아 앉어 도란 도란거리는 곳,

―그 곳이 참하 꿈엔들 잊힐리야.

——그 곳이 참하 꿈엔들 잊힐리야。

傳說바다에 춤추는 밤물결 같은
검은 귀밑머리 날리는 어린 누의와
아무렇지도 않고 예쁠것도 없는
사철 발 벗은 안해가
따가운 해ㅅ살을 등에 지고 이삭 줏던 곳、

——그 곳이 참하 꿈엔들 잊힐리야。

하늘에는 성근 별

질화로에 재가 식어지면
뷔인 밭에 밤바람 소리 말을 달리고
엷은 졸음에 겨운 늙으신 아버지가
짚벼개를 돋아 고이시는 곳,

――그 곳이 참하 꿈엔들 잊힐리야。

흙에서 자란 내 마음
파아란 하늘 빛이 그립어
함부로 쏜 화살을 찾으려
풀섶 이슬에 함추름 휘적시던 곳,

鄕 愁

넓은 벌 동쪽 끝으로
옛이야기 지줄대는 실개천이 휘돌아 나가고、
얼룩백이 황소가
해설피 금빛 게으른 울음을 우는 곳、

──그 곳이 참하 꿈엔들 잊힐리야。

가쁜 숨결을 드내 쉬노니, 박나비처럼,
가녀린 머리, 주사 찍은 자리에, 입술을 불이고
나는 중얼거리다, 나는 중얼거리다,
부끄러운줄도 모르는 多神敎徒와도 같이.
아아, 이 애가 애자지게 보채노나!
불도 약도 달도 없는 밤,
아득한 하늘에는
별들이 참벌 날으듯 하여라.

發 熱

처마 끝에 서린 연기 따라
葡萄순이 기어 나가는 밤, 소리 없이,
가믈음 땅에 시며든 더운 김이
등에 서리나니, 훈훈히,
아아, 이 애 몸이 또 닳어 오르노나.

이 열매는 지난 해 시월 상ㅅ달, 우리 둘의
조그마한 이야기가 비롯될 때 익은것이어니.

작은아씨야, 가녀린 동무야, 남 몰래 기뜨린
네 가슴에 졸음 조는 옥토끼가 한쌍.

옛 못 속에 헤엄치는 흰 고기의 손가락、손가락、
외롭게 가볍게 스스로 떠는 銀실 銀실、

아아 柘榴알을 알알이 비추어 보며
新羅千年의 푸른 하늘을 꿈구노니.

柘榴

薔薇꽃처럼 곱게 피어 가는 화로에 숯불,

立春때 밝은 마른 풀 사르는 냄새가 난다.

한 겨울 지난 柘榴 열매를 쪼기어

紅寶石 같은 알을 한알 두알 맛 보노니,

透明한 옛 생각, 새론 시름의 무지개여,

金붕어처럼 어린 너덧 너덧한 느낌이여.

2

망토 깃에 솟은 귀는 소라ㅅ속 같이

소란한 無人島의 角笛을 불고─

海峽 午前 二時의 孤獨은 오롯한 圓光을 쓰다.

설어울리 없는 눈물을 少女처럼 짓자,

나의 靑春은 나의 祖國!

다음날 港口의 개인 날씨여!

航海는 정히 戀愛처럼 沸騰하고

이제 어드메쯤 한밤의 太陽이 피여 오른다.

海峽

砲彈으로 뚫은듯 동그란 船窓으로
눈섶까지 부풀어 오른 水平이 엿보고,
하늘이 함뿍 나려 앉어
큰악한 암탉처럼 품고 있다,
透明한 魚族이 行列하는 位置에
홋하게 차지한 나의 자리여!

※

그대의 붉은 손이
바위 틈에 물을 따오다、
山羊의 젖을 옮기다、
簡素한 菜蔬를 기르다、
오묘한 가지에
薔薇가 피듯이
그대 손에 초밤불이 넣도다。

촉불과 손

고요히 그싯는 손씨로
방안 하나 차는 불빛!

별안간 꽃다발에 안긴듯이
올뺌이처럼 일어나 큰 눈을 뜨다.

蘭草ㅅ잎은

별빛에 눈 떴다. 돌아 눕다.

蘭草ㅅ잎은

드러난 팔구비를 어짜지 못한다.

蘭草ㅅ잎에

적은 바람이 오다.

蘭草ㅅ잎은

칩다

蘭草

蘭草ㅅ잎은
차라리 水墨色。

蘭草ㅅ잎에
엷은 안개와 꿈이 오다。

蘭草ㅅ잎은
한밤에 여는 다믄 입술이 있다。

물먹은 별이, 반짝, 寶石처럼 백힌다.

밤에 홀로 琉璃를 닦는것은

외로운 황홀한 심사이어니,

고은 肺血管이 찢어진채로

아아, 늬는 山ㅅ새처럼 날러 갔구나!

琉璃窓

琉璃에 차고 슬픈것이 어린거린다.
열없이 붙어서서 입김을 흐리우니
길들은양 언 날개를 파다거린다.
지우고 보고 지우고 보아도
새까만 밤이 밀려나가고 밀려와 부다치고、

1

裝幀　金璐焌

지용 詩選

乙酉文化社版